Winter im Garten

Eine faszinierende Jahreszeit

Helga Urban

Inhalt

„*Wenn die Blätter von den Bäumen stürzen,*

die Tage täglich sich verkürzen,

wenn Amsel, Drossel, Fink und Meisen

die Koffer packen und verreisen,

wenn all die Maden, Motten, Mücken,

die wir versäumten zu zerdrücken,

von selber sterben – so glaubt mir:

Es steht der Winter vor der Tür!"

Aus: *Winter*, Heinz Erhardt (1909 – 1979)

Vorwort

Wer sagt denn, dass der Winter immer traurig sein muss? Zumindest der Abschied vom Winter ist es nicht! Zwar gibt es eine nicht geringe Anzahl von Menschen, die den Winter verlängern. Das sind die, die im März in den Wintersport fahren. Wenn andere den Frühling sehnsüchtig erwarten. Die meine ich nicht. Sondern uns Gärtner, die zu Hause bleiben. Wir wollen ja nicht über Wochen und Monate in ein trostloses Paradies schauen. Im Lauf der Zeit ist mir immer mehr bewusst geworden, dass das überhaupt nicht nötig ist – wie reizvoll, abwechslungsreich und beruhigend der Winter im Garten sein kann. Ein Winter, der uns Freude an den kleinen Dingen bringt, uns mit wunderbaren Düften in dieser Jahreszeit belohnt. Ein Winter, den ich lieben gelernt habe. Keine verlorene Zeit im Garten. Nein, eine Bereicherung.

Vielleicht kann dieses Buch dazu beitragen, dass auch Sie den Winter im Garten als zusätzlichen Gewinn ansehen. Für den Garten und dadurch auch für Ihr eigenes Wohlbefinden.

Helga Urban

„Der Winter ist keine Jahreszeit, sondern eine Aufgabe." (Sinclair Lewis, 1930 Nobelpreis für Literatur)

Ruhe vor dem Sturm

Der Winter steht vor der Tür. Sollen wir uns davon
die Stimmung verderben lassen? Ab 1. Dezember
haben wir den meteorologischen Winter. Ob wir
wollen oder nicht. Und erst ab 1. März wird es
wieder besser. Nach dem Kalender zumindest.

Dunkelheit und Winterblues

Bis Jahresende wird es immer dunkler. Ab 4 Uhr
nachmittags brauchen wir Licht, oft wird es gar
nicht erst hell. Man kann sich natürlich so richtig
hängen lassen und seinen „Winterblues" hätscheln.

Das wäre allerdings schade, schade um die vielen
vergeudeten Stunden. Denn ein Ende gibt es nicht.
Der Anfang ist schon im Werden. Es ist gleichzeitig
die Hoffnung auf die Wiederkehr des Frühlings.
Nicht nur die Hoffnung. Wir dürfen ihn durchaus
erwarten.

Winterschlaf

Winterschlaf? Die Natur schläft jedenfalls nicht.
Allein die Vorstellung, was alles schon angelegt ist.
Die Strauchpäonien zeigen uns jetzt, an welchen
Stellen sie im Mai ihre Blüten zu entfalten
gedenken. Ganz zu schweigen von den Kamelien.
Ihre Knospen werden zusehends dicker. Das
passiert alles oberirdisch und für uns durchaus

sichtbar, wenn wir mit offenen Augen durch den Garten schlendern. Es lohnt sich.

Aber was tut sich erst alles unter der Erde! Sich vorzustellen, was dort ruht. Ruht? Von wegen. Es geht äußerst lebendig zu. Einige Zwiebelgewächse bilden schon Wurzeln und sind in einem Zustand zwischen Warteposition und Startloch.

Hoffnung und Erwartung

Für mich ist diese Zeit sehr spannend. Was kommt wieder, hat sich vielleicht sogar vermehrt (bei meinen seltenen und kostspieligen Schneeglöckchen hoffe ich das immer) – oder hat sich entschlossen, meinen Garten zu verlassen? Der Fantasie sind hier keine Grenzen gesetzt, wobei Hoffnung und Erwartung immer überwiegen.

Und an den wirklich ungemütlichsten Tagen – was gibt es Schöneres außer einer duftenden Tasse Tee?

Zeit für Planung

Zeit und Muße, das nächste Jahr zu planen. Mein Garten ist nie fertig, was ich naiverweise ganz zu Anfang einmal dachte. Zum Glück! Was täte ich denn, wenn ich nichts mehr zum Umgestalten hätte? Es heißt doch immer, Stagnation sei der Tod jeden Gartens. Dann ist meiner sehr lebendig. Wenn auch die Arbeit selbst später vorgenommen wird, meist im Frühjahr, die Ideen, die Planung haben im Winter so herrlich Zeit zum Reifen. Ohne den Stress, sämtliche Ideen sofort in die Tat umsetzen zu müssen. (Übrigens ist es aufgrund der Klimaveränderung inzwischen besser, Bäume und Sträucher im Herbst zu pflanzen. Die wohl zunehmenden trockenen Sommer machen es Neupflanzungen unnötig schwer, sich einzugewöhnen).

Ich weiß nicht, wie es die Gärtnereien immer schaffen, ihre Pflanzen- und Samenkataloge gerade dann bei mir ankommen zu lassen, wenn ich mir vorgenommen habe, in diesem Jahr nichts zu bestellen. Wirklich nichts, dieses Mal bleibe ich standhaft. Schließlich herrscht in meinem Garten kein Mangel an Pflanzen. Im Gegenteil.

Aber Durchblättern macht ja auch Spaß. Die Bilder sind so herrlich, sie leuchten einem so einladend entgegen, so anregend. Und schon ist es um mich geschehen. Ein paar Zwiebelchen haben immer noch Platz. Ein kleiner Strauch, nehmen wir als Beispiel den Seidelbast *Daphne blagayana,* ein wahrer König seiner Art, dafür findet sich auch noch ein Eckchen. Oder vielleicht doch eine kleinwüchsige Neuzüchtung eines Hartriegels? Einer muss ja schließlich testen, ob er tatsächlich klein bleibt. Warum nicht ich? Außerdem wollte ich ja sowieso etwas Platz schaffen … und so weiter, und so weiter. Beim Durchblättern bleibt es nie. Ich kann mir schlimmere Laster vorstellen.

Winterschutz

Winterschutz ist eigentlich ein komisches Wort. Als müssten wir den Winter schützen. Das kann der ganz alleine, ohne unser Zutun. Dazu ist er „unverfroren" genug.

Eher müssen wir uns vor dem Winter schützen. Natürlich mit einem gemütlichen Umfeld, mit warmer Kleidung und dann und wann mit einem heißen Getränk. Vor allen Dingen jedoch mit der richtigen Einstellung. Der Winter kommt, jedes Jahr aufs Neue. Was nützt es, dem Sommer nachzutrauern? Dem vergangenen (2018) mit seiner Trockenheit, seiner Hitze und dem endlos blauen Himmel bestimmt nicht. Ich hatte mir geschworen, mich nie wieder über Kälte, Winter und Regen zu beschweren. Über Regen schon gar nicht.

Nun haben wir Winter. Und er ist mir sehr willkommen.

„Alt ist man, wenn man an der Vergangenheit mehr Freude hat als an der Zukunft."

(John Knittel)

Da ich so froh bin, dass dieser Sommer ein Ende gefunden hat, begrüße ich den Winter ausgesprochen wohlwollend. Ich weiß, dass auch er sehr unwirtlich daherkommen kann und wird. Aber eines ist sicher: Ohne Winter wäre der Frühling nur halb so schön! Und auf ihn freue ich mich.

Nicht nur uns müssen wir vor dem Winter schützen. Wir müssen unsere Pflanzen schützen. Sie sind auf Gedeih und Verderb auf uns angewiesen. Sie können nicht schnell einmal ins Warme flüchten.

Wie gut eine Pflanze durch den Winter kommt, hängt nicht allein von den Minusgraden ab. Wie gesund sie in ihn hineingeht, ist sehr wichtig. Das ist bei uns Menschen ja auch nicht anders. Je fitter wir in die Wintersaison starten, desto weniger anfällig sind wir für Erkältungen.

Minustemperaturen, Schnee und Regen. Damit können die meisten winterharten Pflanzen umgehen. Wind dagegen ist ihr ärgster Feind. Der ärgste Feind des Gartens. Das fängt schon bei der Planung an. Empfindliche Pflanzen fühlen sich sowieso an geschützten Plätzen wohler.

Laub, Zweige und Schnee

Laub, Zweige und Schnee sind der beste natürliche Schutz. Nun, den Schnee haben wir nicht immer. Wir im Rhein-Main-Gebiet eher selten. Da wir aber vom Garten reden, haben wir Laub. Ich werde nie verstehen, wie man mit dem Laubsauger durch den Garten stapft, alles Laub durch die Gegend pustet und aufsaugt, noch dazu mit einem fürchterlichen Getöse. Dieses Laub, ein Geschenk der Natur, völlig kostenlos, locker, wärmend, mit Nährstoffen angereichert – zu ersetzen durch gekauften Mulch – welchen Sinn soll das haben?

Auf dem Rasen hat das Laub nichts zu suchen. Aber auf den Beeten und Rabatten, um Sträucher und Bäume ist es eine hervorragende, kuschelige Decke. Mit Tannenzweigen abgedeckt, kann es sich nicht auf und davon machen. Und sieht hübsch aus. Da das meistens erst im Januar nötig wird, ist das eine sehr gute Verwendung für den ausgedienten Weihnachtsbaum. Mein Mann und ich ziehen oft nach dem 6. Januar mit Astschere bewaffnet durch unsere Straßen.

Wenn sich nun wirklich einmal der <u>Schnee</u> wie eine wärmende, leichte Decke über den Garten legt, ist nicht nur die Stimmung draußen märchenhaft – auch unsere Stimmung ist deutlich gehoben.

Denn so einen guten Schutz können wir unseren Pflanzen nicht bieten. Allerdings muss der Schnee locker und luftdurchlässig sein. Dann ist die isolierende Wirkung groß. Bei wässrigem, schwerem Schnee können Zweige unter der Last abbrechen. Besonders anfällig dafür ist *Choisya ternata*, die Mexikanische Orangenblume, mit ihren weichen, biegsamen Zweigen. Übrigens das Einzige, was sie nicht mag. Oder auch Immergrüne, wie die Eibe, können aus der Form geraten. Deshalb ist es wichtig, den Schnee abzuschütteln oder abzuklopfen. Die Pflanzen werden es uns danken. Und dem Garten, auch bei unwirtlichem Wetter einen Besuch abzustatten, tut auch uns gut.

Leider erfüllt sich der Traum von einem weißen Winter nur selten. Jedenfalls in den meisten Gegenden. Stattdessen werden uns Kahlfröste beschert. Vielleicht noch mit strahlend blauem Himmel. Knochentrocken und eiskalt. Das mögen viele Pflanzen nun gar nicht. Entsprechend traurig sehen sie aus. Sie können zwar nicht laut protestieren, ihr Wohlbefinden – bzw. ihr Unwohlbefinden – uns aber schon zeigen. Ob ihnen der Frost nichts ausmacht, sie sich danach schütteln und wieder „ihren Mann" stehen, oder ob sie dahinvegetieren oder es gar ihr unwiderrufliches Ende war – das hängt von der Pflanze ab. Und von uns. Wie wir sie in den Winter schicken.

Winterschutz bedeutet bei immergrünen Laubgehölzen, aber auch bei Rosen, in erster Linie <u>Sonnenschutz</u>. So paradox das klingen mag. Wir müssen verhindern, dass ihre Blätter durch die Sonne auftauen. Dann verdunsten sie Feuchtigkeit. Aus den aber noch gefrorenen Wurzeln kann keine Feuchtigkeit aufsteigen. Der Kreislauf ist gestört.

Die Pflanzen erfrieren nicht – sie vertrocknen. Was dann keine Rolle mehr spielt, ob so tot oder so. Tannenzweige um die Pflanze gestellt, selbst für kurze Zeit ein Vlies oder eine alte, dünne Gardine locker darüber gelegt, ist völlig ausreichend. Es sind vielleicht nur ein paar Grad, können aber die entscheidenden sein.

Noch entscheidender ist meines Erachtens, die Wahl des Standorts. Wer die Möglichkeit hat, sollte einen Platz mit Morgensonne meiden. Eine nach Westen ausgerichtete Seite ist wesentlich besser, die Sonne ist nicht mehr so aggressiv und der Boden nicht mehr so gefroren.

Winterhart ohne Einschränkungen sind die wenigsten Zierpflanzen. Unsere Birke treibt jedes Jahr aufs Neue aus, egal wie kalt und wie lang der Winter war. Die Pflanzen können Winterhärtetabellen nicht lesen. Ihre Grenzen müssen am jeweiligen Standort getestet werden. Die Winterhärte hängt von vielen Faktoren ab. Das Etikett ist nur einer und nicht der wichtigste. Ein geschützter Standort, ein guter Allgemeinzustand (der Pflanze) zu Beginn des Winters, ausgereiftes Holz durch einen schönen, sonnigen Herbst und kein Dünger mehr in der Ruhezeit – das alles hilft der Pflanze glücklich und zufrieden durch den Winter zu kommen.

Auch das Tempo der Temperaturveränderung spielt eine Rolle. Ein plötzlicher Temperatursturz wird genauso schlecht verkraftet wie zu schnelles Auftauen. Geht es langsam bergab, werden tiefere Temperaturen vertragen.

Eine große Rolle spielt auch, wann die Temperaturen absinken. Im Dezember/Januar ist der eigene Winterschutz der Pflanzen am größten. Im Februar/März können auch weniger tiefe Temperaturen schädlich sein.

Ein Kapitel für sich ist der Winterschutz für Pflanzen in Töpfen. Im Grunde genommen brauchen sie eine frostfreie Überwinterungsmöglichkeit. Wer hat das schon? Und nicht jeder ist bereit, so wie wir, seine Garage in ein Gewächshaus mit Glasdach und Glastür umzuwandeln. Allzu schwer fiel das nicht, da Garagen aus der Zeit der 50er Jahre für die heutigen Autos sowieso ein Witz sind. „Gewächshaus" hört sich viel zu hochtrabend an. Es ist bescheiden, aber ausreichend.

Hat man die Möglichkeit, winterharte Pflanzen im Garten auszupflanzen, sollte man das unbedingt tun. Ein Topf, mag er noch so groß und schön sein, ist immer zweite Wahl. Aber es gibt nun einmal den berühmten Platzmangel. Bei mir ist er chronisch. Ein Topf dagegen hat überall noch Platz. Ist er zu groß und zu schwer, um noch hin- und hergetragen zu werden (in frostfreien Perioden steht er auf jeden Fall besser draußen), muss er dick eingepackt werden. Der Topf, nicht die Pflanze. Es geht nur darum, dass die Wurzeln nicht erfrieren. Am besten mit Kokosfasermatten, die es im Gartenfachhandel gibt. Die freie Erde wird dick mit Laub aufgefüllt und mit Tannenzweigen abgedeckt. So sollten unsere Schützlinge gut durch den Winter kommen.

Exoten dagegen, wie unsere Zitronen, werden besser frostfrei überwintert. Hell und kühl. Die Pflanze hält zwar moderate Minusgrade aus, nicht aber die Früchte. Sie hängen bei der Sorte ´Quattro Stagioni´ noch an den Zweigen. Es sei denn, man hat ein Faible für geeiste Zitronen.

Ich habe immer ein gutes Gewissen, wenn ich meine Schützlinge für den Winter versorgt habe. Wenigstens soweit es mir möglich ist. Dann kann ich einigermaßen gelassen auf das Thermometer schauen. Einigermaßen, wohlgemerkt.

Lagerstroemia im Schnee

Stunde der Wahrheit

Im späten Frühjahr, im Sommer, ist es kein großes Kunststück, den Garten in Topform zu präsentieren. Doch im Winter? Kahl und trostlos? Gerade jetzt - wenn keine üppigen Stauden, keine Blütenfülle unser Auge ablenken – schlägt die Stunde der Wahrheit.

Auch im Winter kann ein Garten zauberhaft aussehen. Mit Raureif überzogene Gehölze, Hagebutten, die wie gezuckert wirken, zarte Gräser und selbst die wie Zigarren zusammengerollten Blätter der Rhododendren haben ihren besonderen Reiz. Ist das jetzt zu dick aufgetragen?

Natürlich gehört dazu Fantasie, aber nicht nur. Etwas Erfahrung gehört auch dazu. Gerade in kleinen Gärten ist es wichtig, Pflanzen auszuwählen, die mehr zu bieten haben als dekorative Blüten. Es ist sehr nützlich, wenn man einen Sinn für Proportionen hat. Denn der Winter enthüllt mehr, als uns oft lieb ist. Übrigens kann man das lernen, indem man kritisch durch seinen Garten spaziert. Nicht nach dem Motto: Den Winter kann ich sowieso vergessen, da spielt sich eh nichts ab. Dazu ist er zu lang. Mindestens drei Monate in unseren Breiten den Kopf in den Sand stecken? Das ist so gar nicht mein Ding.

Konturen und Silhouette

Je intensiver ich mich mit dem Thema Winter beschäftige, desto interessanter finde ich es. Kahle Gehölze von edler, reicher Verzweigung tragen sehr zur Schönheit des Gartens im Winter bei. Es ist kein Zufall, dass laubabwerfende Bäume im Winter geschnitten werden. Unter anderem, weil die Konturen deutlich hervortreten und so ein artgerechter Kronenschnitt möglich ist. Unsere ca. 70 Jahre alte Birke hat das alle vier Jahre nötig (finde ich jedenfalls). Jetzt im Januar ist es wieder so weit. Später im Jahr sollte man nicht schneiden lassen. Der Dezember wäre noch idealer. Aber wer hat schon Zeit im Weihnachtsmonat? Die Baumpfleger schon gar nicht. Auf der einen Seite graut es mir immer vor der Prozedur. Auf der anderen Seite freue ich mich auf die neue, lichtdurchflutete Silhouette. So ein großer Baum ist schließlich ein strukturgebendes Element im Garten. Ich werde von dem Ergebnis berichten.

Struktur

Auch kleinere Bäume tragen durch einen fachgerechten Schnitt zur Attraktivität des winterlichen Gartens bei. Versuchen Sie einmal, sich die Bäume oder Sträucher im Gegenlicht vorzustellen. Und zwar vor dem Pflanzen. So, dass sie später wie ein Schattenriss wirken und dem ganzen Garten Struktur verleihen.

Formale Gestaltung

Bei einer formalen Gestaltung ist es wesentlich leichter, dem Garten eine ausgewogene Form zu geben. Allein schon durch einen exakten Schnitt von Immergrünen. Eine Faustregel aus England lautet: Egal wie groß ein Garten ist, 45 % der Gehölze sollten aus Immergrünen bestehen. Nur so lassen sich Räume bilden, besonders wichtig für den winterlichen Aspekt.

Romantisches Konzept

Ein romantisches Konzept kann im Winter leicht durcheinander und planlos wirken. Es hat jedoch durchaus seine eigenen Reize. Hier kommt dann mehr das Kleinere, das Feinere zur Geltung. Hier müssen wir den Blick mehr auf Früchte, filigrane Gräser und all die reizvollen Dinge auf Augenhöhe richten. Es kann auch ruhig etwas höher sein. Eine locker geschnittene Feuerdornhecke (*Pyracantha coccinea*) - ob mit leuchtend roten Früchten, wie die Sorte ´Red Column´ oder mit gelben, wie ´Golden Dome´ bis in den Winter hinein - wirkt besonders im Winter sehr eindrucksvoll. Und ist ein Paradies für Vögel.

Vielfalt

Vielfalt ist in jedem Garten, ob groß oder klein, zu jeder Jahreszeit äußerst wichtig. Und im Winter mehr denn je. Nur so lässt sich ein harmonisches Miteinander erzielen: Ein Auf und Ab, ein Hell und

Dunkel, Durchblicke und Abgrenzung. Von Langeweile und Tristesse keine Spur.

Wenn ich so weitermache, wird der Winter noch meine liebste Jahreszeit. Nein, das nun doch nicht. Die ist dem Frühling vorbehalten. Ich möchte nur versuchen, dem Winter seinen Schrecken zu nehmen. Mit der richtigen Einstellung hat er durchaus einen gewissen Charme. Auch wenn er nicht durch Schnee in einen Märchengarten verwandelt wird. Den Schnee haben wir nicht in der Hand. Wohl aber das Bild, das wir gestalten können. Es ist gar nicht so schwer, wenn wir auf einige Aspekte achten.

Wesentliche Aspekte

Mich erinnert mein winterlicher Garten an ein Schwarz-Weiß-Foto. Ohne jegliche Ablenkung durch Farben. Ich finde auch heute noch in unserer allzu bunten Welt ein solches Foto beruhigender für das Auge und von größerem künstlerischem Wert. Oft ein Kunstwerk.

Ganz einfach, die Linien und Umrisse kommen klarer heraus. Durch die Abwesenheit von Unwesentlichem wird der Blick auf ein harmonisches und eindrucksvolles Bild gelenkt. Oder oft auch nicht! Sollte dem so sein, ist es wenigstens gut, dass man es bemerkt und schwarz auf weiß hat.

„Dinge wahrzunehmen ist der Keim der Intelligenz"

(Laotse)

Ob in unserem Garten die Proportionen ausgewogen sind, das ist deutlich im Winter bemerkbar, zuweilen schockierend. Dazu gehören nicht nur Pflanzen. Auch strukturgebende Elemente, wie Mauern, Klettergerüste, Obelisken und Pyramiden. Auch ohne Pflanzen, Laub und Blüten sind sie ideale Raumteiler, die dem Garten im Winter Struktur verleihen. Besonders hier ist die richtige Relation zur Größe des Gartens wichtig. Und wenig ist oft mehr.

Wir haben zwei Rankhilfen in Kegelform im Garten. Fast völlig überwuchert mit Clematis, *Cobea scandens*, der Glockenrebe, und sogar *Lespedeza thunbergii* im Sommer. Im Winter dagegen ein herrliches, klares raumbildendes Element.

Selbst in einem kleinen Garten sollte sich ein Platz für einen kleinen Baum finden lassen. Wohlgemerkt: für einen klein bleibenden! Schon als Gegengewicht des Hauses. Aber nicht nur. Das ist nur ein Aspekt. Bäume und Sträucher sind das Rückgrat eines jeden Gartens.

Ich habe immer betont und werde nicht müde, es weiter zu betonen: Eine Pflanze muss mehr bieten als „nur" Blüten. Das ist einfach zu wenig. Und das Jahr ist lang. Besonders im Winter tritt das zu Tage.

Knorriger Wuchs

Da wäre zuerst ein knorriger Wuchs. Strauchpäonien (*Paeonia suffruticosa*) mit ihren verholzten älteren Zweigen wirken wunderbar bizarr. Sollte dann auch noch Schnee auf ihnen liegen, ist das Winterbild perfekt. Selbst eine schlichte Hainbuchenhecke mit ihrem bis ins Frühjahr haltenden, braunen Laub trägt zur Attraktivität im Winter bei. Das ist für manche vielleicht etwas gewöhnungsbedürftig: ein Laub, das einfach nicht abfallen will. Zugegeben, im Frühling mag ich das auch nicht mehr sehen. Aber im Winter hat es schon seinen Reiz.

Rinde

Kann man sich in eine <u>Rinde</u> verlieben? Man kann, zumindest ich konnte. Ich weiß, dass sich das jetzt abgehoben anhört. Wenn Sie aber auch eine *Lagerstroemia* (Kräuselmyrte) im Garten hätten, ich wette, Ihnen ginge es genauso. Es ist überhaupt ein ganz entzückender kleiner Baum. Aber die Rinde: glatt, seidig, zimtbraun, ab Spätherbst abblätternd. Für sich eine Schönheit. Der Stamm sieht dann aus wie eine überdimensionale Zimtstange. Wenn das nicht zum Winter passt!

Auch das Pfaffenhütchen (*Euonymus alatus*), ein ausladender Strauch, ist mit seinen Korkleisten an den Zweigen eine Zierde im Winter. In seinem feuerroten Herbstkleid sieht man sie kaum. Umso mehr kommen sie in der laublosen Zeit zur Geltung.

Ich freue mich tagtäglich über unsere große, Struktur gebende Birke im Garten. Ich will auch nicht undankbar sein. Aber wieviel schöner wäre *Betula utilis* var. *jacquemontii*, die Weiße Himalaya-Birke. Eine schneeweiße Rinde, leicht abblätternd, besonders bei alten Stämmen. Strahlend schön im Winter. Generell kann man sagen: Je älter ein Gehölz, desto markanter und somit auffallender ist die Rinde. Ist das nicht herrlich, dass etwas mit zunehmendem Alter aparter und schöner wird?

Fruchtstand
Und schon wieder bin ich bei meiner geliebten *Lagerstroemia*. Sie hat wirklich das ganze Jahr über etwas zu bieten. Selbst ihr <u>Fruchtstand</u> ist sehenswert. Kleine, dunkelbraune, holzige Kapseln bleiben den ganzen Winter über an den Zweigen.

Aber auch der Chinesische Perlstrauch, *Exochorda* x *macrantha* ´The Bride´, hat hübsche, dunkelbraune Kapseln, die mich immer an Sternanis erinnern.

Und die dunkelbraunen Samenstände der Kletterhortensie, *Hydrangea anomala* ssp. *petiolaris*, halten tapfer dem Frost stand. Besonders reizvoll mit einem Schneehäubchen. Es ist im Garten sowieso von Vorteil, wenn man nicht allzu ordentlich ist. Erst recht im Winter. Ein Jammer, all die entzückenden Fruchtstände zu entfernen. Wir würden uns um einen aparten Winteraspekt bringen.

Nun zu den Strauchpäonien, *Paeonia suffruticosa*. Bei älteren Pflanzen kommen wir in den Genuss von äußerst dekorativen Samenständen. Die lackschwarzen Samen liegen wie Perlen aufgereiht in ihren Hülsen. Wenn man sie nicht für die Vermehrung braucht, wäre es schade, sie abzuschneiden.

Knospenansatz

Da wir jetzt schon bei diesen asiatischen Schönheiten sind, kommt ein zusätzlicher Aspekt ins Spiel. Der <u>Knospenansatz</u>. Ja, viele Pflanzen zeigen schon im Herbst oder Frühwinter, was sie im Frühling zu tun gedenken. Bei den Strauchpäonien weiß ich schon jetzt, wo und wie viele Blüten im Mai ihre Pracht entfalten werden. Diese kahlen, knorrigen Zweige mit ihrem Versprechen in die Zukunft – bei so viel Zuversicht, wer kann denn da überhaupt nur daran denken, trübsinnig zu werden!

Und wenn ich schon von Knospenansatz spreche, dürfen auf keinen Fall die Kamelien fehlen. Denn was jetzt nicht da ist, kann auch im Vorfrühling nicht blühen. Zum Glück gibt es ja auch früh blühende Kamelien, wie *C.* ´Nobilissima´, die zumindest im Dezember schon Farbe zeigen. Und oft an Weihnachten blühen. Wir haben heute den 23. Dezember. Zu meiner großen Freude habe ich bei einem Rundgang durch den Garten Blüten an der Kamelie *C.* ´Shiro-wabisuke´ entdeckt. Ich war auf Entdeckungsreise nach Schneeglöckchen. Und dann das! Es ist die Freude an den kleinen Dingen, die das Leben lebenswert macht. Das einzig Schwierige an dieser entzückenden Kamelie ist ihr Name. Unerschrocken hält sie jede Witterung aus. Also, nicht nur der Knospenansatz der Kamelie ist ein Lichtblick im winterlichen Garten. Nun, einzelne schicken sich sogar schon an, sie zu öffnen.

Meistens wird es im Januar erst richtig Winter. Ein kalter, trister Monat. Wirklich? Vom Wetter her ja. Doch in diesem Monat werden die Tage wieder merklich länger. Die Zeit bis zum Frühling schmilzt mit jedem Tag zusammen. Vorwitzige Primeln und Veilchen kündigen den Frühling an. Die Hoffnung auf seine Wiederkehr steigt. Und die Erwartung ist so ein schönes Gefühl.

Viele Blüten um diese Jahreszeit sind so klein, dass man ihnen im Sommer kaum Beachtung schenken würde. Man würde sie gar nicht wahrnehmen. Es tut einmal ganz gut, den Blick zu schärfen und etwas Winziges zu entdecken. Und zu schätzen.

Im Januar beginnt für alle ein neues Jahr. Für uns Gärtner beginnt ein Jahr voller Hoffnungen, voller Erwartungen und voller Überraschungen. Auf jeden Fall ein interessantes Jahr. Ob das bei der „Nicht-Gärtner-Riege" auch so ist, bleibt dahingestellt. Haben wir es gut!

Duft im Winter

So seltsam es auch klingen mag, der Winter verwöhnt uns mit einer Vielzahl der süßesten Düfte im Garten.

Der Duft bei winterblühenden Pflanzen ist überraschend, ungewöhnlich. Er wird nicht erwartet. Deshalb wird er viel intensiver empfunden als Düfte in anderen Jahreszeiten.

Dezember

Der Dezember ist meist der ruhige, graue Monat des Winters, oft auch der düsterste. Es ist aber auch der Monat, in dem die Düfte des Novembers noch die Luft parfümieren. In erster Linie die herbstblühenden Kamelien. Ihre orientalischen Düfte vermitteln in einem milden Frühwinter etwas Zauberhaftes, fast Unwirkliches. Ein Monat, des „noch" und „schon". *Iris unguicularis*, mit ihrem süßen, fruchtigen Duft, kann schon zur Stelle sein. Die Blütezeit der Zaubernuss beginnt. Je nach Art und Sorte mit einem Duft von süß bis schwer. Oder auch die Winterblüte (*Chimonanthus*), süß duftende Christrosen (*Helleborus odorus*) und auf keinen Fall zu vergessen, *Sarcococca*, dieser Zwerg unter den Sträuchern, mit seinem unglaublichen Honigduft.

Januar

Januar, der eigentliche Schneemonat, ist der hellste
– meistens jedenfalls. Ein Licht am Ende des
Tunnels. Der Seidelbast, mit seinem süßen
Gewürznelkenduft, tanzt jetzt auch noch mit im
Reigen der Winterdüfte. All die Düfte, klingen
unterschiedlich mit anderen zusammen – in der
Schneeluft anders als in Verbindung mit feuchter
Erde.

Februar

Der Februar kann noch ganz im Bann des Winters
liegen. Und doch sieht man den Garten schon mit
anderen, wacheren, auch ungeduldigeren Augen
an. *Clematis armandi* - bisher *C. armandii* - betritt
mit ihrem Bittermandelduft die Bühne. Und, nicht
zu vergessen, die Honig- und Maiglöckchendüfte
der Mahonien. Nach einem kurzen erlebten
Frühling im Herzen stapft man plötzlich wieder
durch knirschenden Schnee – zähneknirschend.
Aber es steckt schon ein leises Gelächter darin –
man nimmt ihn schon nicht mehr ganz so ernst.

Wohin mit den Winterdüften

Die meisten duftenden Winterblüten erscheinen
während milder Perioden. Vielleicht erwachen dann
ja potenzielle Bestäuber aus ihrem Winterschlaf
und haben Lust auf eine kleine Zwischenmahlzeit.
Was auch immer der Grund sein mag: Tatsache ist,

je milder die Temperaturen, desto größer das Dufterlebnis.

Doch was nützt ein herrlich nach Honig duftender *Sarcococca* im entferntesten Winkel des Gartens? Höchstens, um einen Grund zu haben, selbst bei unwirtlichstem Wetter eben diesen Winkel aufzusuchen. An der Eingangstür dagegen kann man solch einen köstlichen Duft gleich mehrmals täglich genießen.

Hamamelis und *Viburnum* dagegen können ruhig etwas entfernter platziert werden. Ihre Düfte können ein wenig abgeschwächt werden, um nicht zu sehr zu dominieren. Man sollte jedoch beachten, aus welcher Richtung der Winterwind hauptsächlich weht. Der Nachbar würde sich bestimmt freuen, aber schließlich hat man selbst dafür „bezahlt" – vor allem mit Geduld.

Beim Pflanzen ist es wichtig, alle Winterdüfte in die Nähe von Wegen, Durchgängen oder unter ein Fenster zu setzen. Es wäre zu schade, diesen Schätzen nicht nahe sein zu können. Unvorstellbar, der kostbare Duft ginge verloren.

Der Duft wird im Winter viel eher von uns wahrgenommen. Wir sind noch nicht verwöhnt. Selbst die kleinsten Andeutungen werden freudig begrüßt. Die meisten winterblühenden Sträucher tolerieren Schatten. Richtig zur Geltung kommen sie aber erst, wenn sie auch einmal ein Sonnenstrahl trifft.

Den Winter empfinden wir als die längste Jahreszeit. Vielleicht wollen uns deswegen viele der winterblühenden Kostbarkeiten mit einem besonders intensiven Honigduft verwöhnen. Doch auch Düfte wie süß, fruchtig, würzig und nussig, nach Maiglöckchen, Veilchen, Nelken, Bittermandeln, Vanille und sogar Weihrauch können den Garten im Winter verlockender machen.

Von den frühlingsblühenden Kamelien duften die wenigsten. Im knospigen Zustand schon gar nicht. Und selbst die ganz frühen, wie C. ´Nobilissima´, bringen nicht eine Spur von Duft hervor. Nicht, weil sie nicht wollen – nein, weil sie nicht können. Wir aber, können etwas nachhelfen.

Warum pflanzen Sie nicht *Sarcococca hookeriana* var. *humilis* zwischen die Kamelien? Dieser kleine Strauch wird ihnen nicht die Schau stehlen. Seine Heimat ist ebenfalls Asien, er bevorzugt ebenfalls humosen Boden und einen halbschattigen Standort. Seine winzigen Blütchen zeigen sich von Januar bis März, kaum sichtbar. Aber – der intensive Honigduft, ein einmaliges, winterliches Dufterlebnis, kommt von diesem kleinen, unscheinbaren Strauch. Und nicht von den Kamelien. Genauso würden sie duften, wenn sie könnten. Ein harmonisches Miteinander. Die Kamelien werden sich in dieser Gestaltung später mit spektakulären Blüten revanchieren.

Seit über 30 Jahren mache ich mir Gartennotizen – ich wäre verloren ohne sie. Es ist erstaunlich, wie schnell man etwas vergisst. Mit Sätzen wie: „So früh, oder: so lange hat das noch nie geblüht" bin ich vorsichtig geworden. Eines ist jedoch sicher: Jeder Winter verläuft anders, und mit ihm die Blütezeiten und natürlich auch die Düfte in ihrer Intensität.

Viburnum x *bodnantense* ´Deben´

Eine Kostbarkeit, die mit ihrem zauberhaften Duft uns
die dunkelsten Tage versüßt.

Duftpflanzen, die uns den Winter versüßen

Das Faszinierende an einem Garten ist, dass es kein Ende gibt. Die herbstblühenden Kamelien blühen zwar jetzt, Anfang Januar, immer noch vereinzelt. Aber nicht zu leugnen: Es ist ihre Abschiedsvorstellung. Und schon sind die ersten frühen „Japonicas" zur Stelle. Und eine Fülle von Pflanzen, die nur darauf warten, die Bühne zu betreten und beklatscht zu werden.

Ein kleines Lexikon

Die Monatsangaben bei den Beschreibungen können nur Anhaltspunkte sein, in welche Periode des Winters die Blütezeit normalerweise fällt. Sie geben nicht Beginn und Ende der Blütezeit an.

Abeliophyllum disticum
Schneeforsythie

Süß und honigartig duften die reinweißen, sternförmigen Blütchen der Schneeforsythie. Sie öffnen sich aus zartgelben Knospen an den noch blattlosen Zweigen.
Der Strauch ist winterhart, benötigt aber viel Sonne und fühlt sich nur an einem geschützten Platz wohl.

Nach der Blüte ist die Schneeforsythie weniger interessant und sollte deshalb nicht ganz im Vordergrund einer Rabatte stehen.

Höhe: ca. 1,20 m   Januar bis März

Camellia sasanqua ´Narumigata´
Herbstblühende Kamelie

Süß und herb zugleich ist der Duft der schalenförmigen, weißen Blüten mit einem Hauch von Rosa am Rand. Sie gehört zu den am intensivsten duftenden „Sasanquas". Ein Märchen aus 1001er Nacht. Die Blüten werden durch ihren Duft, sehr ungewöhnlich um diese Jahreszeit, emsig von Insekten besucht.

„Sasanquas" sind an einem geschützten Standort durchaus winterhart. Bei uns hat ´Narumigata´ den extremen Winter 1996/97 im Freien gut überstanden. Der Wuchs dieses immergrünen Strauchs ist stark und ausladend.

November bis Dezember

Andere lohnende Sorten sind:

C. ´Kenkyo´
mit feinem, orientalischem Duft und weißen, mittelgroßen Blüten mit gewellten Blütenblättern.

Wir haben jetzt den 2. Januar 2019, und ´Kenkyo´ blüht seit Oktober 2018.

C. ´Navajo´

mit süßem, leicht würzigem Duft ist diese zweifarbige Blüte etwas Besonderes. Aus dunkelpinkfarbenen Knospen entfaltet sich eine ebenso gefärbte, halbgefüllte Blüte, deren gewellte Blütenblätter sehr bald im Inneren weiß werden, gesäumt von einem breiten, farbigen Rand.

C. ´Setsugekka´

Ein herrlich warmer Duft krönt die ohnehin große Anmut dieser Blüte. Weiß, halbgefüllt, mit stark gewellten Blütenblättern und goldgelben Staubgefäßen. Ein weiterer Bonus: ihr sehr graziler Wuchs.

Cercidiphyllum japonicum
Katsurabaum

Einen wunderbaren Karamelduft mit einer Zimtnote geben die abfallenden Blätter des Katsurabaums von sich, der sich noch verstärkt, wenn man durch das raschelnde Laub läuft. Ein herrliches Dufterlebnis. Nicht umsonst wird er auch „Kuchenbaum" genannt. Man braucht nicht viel Fantasie, um den Duft eines frischgebackenen Obstkuchens in der Nase zu haben. Und das im

Winter! Auch die Bezeichnung „Lebkuchenbaum"
finde ich äußerst passend. Sein zimtiger Duft
verschönt die Adventszeit.

Dieses fernöstliche Kleinod wird ausschließlich
wegen seines Laubes kultiviert. Die herzförmigen
Blätter sind in der Jugend bronzefarben, werden
dann bläulich-grün. Im Herbst hüllt sich der Baum in
ein gelbes, später orangefarbenes und schließlich
rotes Kleid. In saurem Boden ist das Farbenspiel am
eindrucksvollsten.

Als Solitär an einem sonnigen oder halbschattigen
Standort, geschützt vor kalten, austrocknenden
Winden – ein unvergessliches Erlebnis für Augen
und Nase. Ich habe es schon fertig gebracht, das
Laub zu sammeln und in einer großen, dekorativen
Spanschachtel aufzubewahren. Allein, um den Duft
zu konservieren und von Zeit zu Zeit meine Nase
hineinzustecken.   Höhe: bis 10 m in 20 Jahren.

Wer es lieber etwas kleiner mag – es gibt eine
wunderschöne Rarität, die in 10 Jahren nur 2,50 m
hoch wird: ´Boyds Dwarf´.

Chimonanthus praecox
Winterblüte

Der süßwürzige Duft der Winterblüte gehört zu den feinsten dieser Jahreszeit. Wird er jedoch längere Zeit eingeatmet, stellt sich das gleiche Phänomen ein wie bei den Veilchen: Nicht die Winterblüte büßt ihren Duft ein, sondern unsere Fähigkeit, ihn aufzunehmen, geht kurzfristig verloren. Ich komme bei den Veilchen noch einmal darauf zurück.

Die Winterblüte liebt die Wärme, schon im Sommer, sonst setzt sie keine Blüten an. Und im Winter benötigt dieser Strauch eine längere milde Periode, um zu blühen – wichtiger als eine kurze sehr milde. Ist der Winter nach ihrem Geschmack, erscheinen die glockenförmigen, wachsgelben Blüten, innen purpur getönt, in großer Fülle an den kahlen Zweigen.

Für den „Rest" des Jahres sieht die Winterblüte allerdings etwas armselig aus. Sie versöhnt uns jedoch mit angenehm würzig duftenden Zweigen und Blättern.

Besonders große Blüten von sehr kräftigem Gelb hat die Sorte ´Luteus´. Sie ist nicht leicht im Handel zu finden. Die Suche lohnt sich aber. Ideal für ein Spalier an einer Südwand.

Höhe und Breite ca. 3 m   Dezember bis Februar

Clematis armandi
Clematis

Ihr Duft nach Bittermandeln wird an einem milden
Sonnentag zu einem exotisch süßen Dufterlebnis.
Die cremefarbenen, zuweilen rosa überhauchten,
etwa 4 cm großen Blütensterne hüllen mit ihrem
Duft unseren ganzen Vorgarten ein. Süd- oder
Südwestlage, im Schutz anderer Pflanzen, das
behagt ihr am meisten. Hier fühlt sie sich wohl und
ist immergrün. Ein wichtiger Aspekt. Das attraktive,
ledrige Laub ist eine Zierde für sich. Hat an unserem
Spalier *Lonicera* x *purpusii* ´Winter Beauty´ ihren
Höhepunkt überschritten, fängt diese Clematis an
zu blühen. In milden Wintern im Februar.
Ich möchte hier nicht verschweigen, dass das
schöne, immergrüne Laub nur so lange schön ist,
wie es grün ist. „Immergrün" heißt nicht, dass es
immer grün ist. Auch dieses Laub wird einmal braun
und … . Nur fällt es bei dieser Clematis nicht ab.
Und es ist sehr mühsam, es herauszuschneiden,
ohne frische Triebe zu verletzen. Ich habe das
aufgegeben und schneide die Pflanze nach dem
Blühen kräftig zurück. Sie kommt schneller wieder
als Sie glauben.
Die Sorte ´Snow Drift´ hat reinweiße Blüten,
während sie bei ´Apple Blossom´ rosa sind.
Höhe bis 5 m   Februar bis März

Crocus imperati
Krokus

Warm und nach Honig duftend – das passt doch
genau in die kalte Jahreszeit. Von „verströmen"
kann hier zwar nicht die Rede sein. In einen
Duftgenuss kommt man besonders, wenn man sich
entschließen kann, einige Blüten ins warme Zimmer
zu bringen. Das dürfte nicht allzu schwer fallen, da
dieser Krokus sehr reich blüht.
Die violettfarbenen Blüten, außen deutlich gelb-
braun gezeichnet, schmücken sich noch mit
orangefarbenen Staubbeuteln.
Ein gut durchlässiger, nicht zu nahrhafter Boden ist
für ihr Wohlbefinden erforderlich. Sie werden uns
mit Üppigkeit, einem interessanten Farbenspiel –
und ihrem zarten Honigduft verwöhnen.
Höhe: 8-10 cm   Februar bis März

Daphne mezereum
Seidelbast

Wunderbar süß, mit einer Andeutung von Gewürz-
nelken, ein Duft von großer Raffinesse. Die kleinen,
röhrigen Blüten erscheinen vor den Blättern. Von
reinweiß bis zu intensivem Rosa-Purpur, je nach
Sorte, sitzen die Blütchen direkt an den holzigen
Zweigen – sonst nur bei Tropenpflanzen zu finden.

Mit ihrem aparten Duft locken sie die Insekten aus der Winterruhe. An Bestäubern fehlt es ihnen also nicht.

Von Juni bis August erscheinen scharlachrote, bei den weißen Sorten gelbe Beeren. Glücklicherweise schmecken sie so brennend scharf, dass kaum jemand mehr als eine zu sich nehmen wird. Für Erwachsene sind 10 Beeren tödlich, für Kinder entsprechend weniger. Wobei das Fruchtfleisch frei von giftigen Stoffen sein soll. (Ich habe es noch nicht ausprobiert). Das erklärt auch, dass die Beeren ein Leckerbissen für Rotkehlchen & Co. sind. Die Kerne werden klugerweise nicht von ihnen verzehrt und tragen so zur Verbreitung der Art bei. Es ist verlockend, sich die so wunderbar duftenden Zweige ins Haus zu holen. Man sollte es aber lassen! Dieser Seidelbast verabscheut einen Schnitt in jeder Beziehung, besonders aber während der Blüte. Er gehört in den Garten, um dort den Winter zu verschönern – und sonst nirgends hin.

Daphne mezereum wirkt besonders hübsch als Vorreiter in einem Frühlingsgarten mit Zwiebelblühern und *Corylopsis*. Mit ihren hellgelben Glöckchen und ihrem zarten Primelduft wird sie dann den raffinierten Duft des Seidelbasts ablösen. Der Standort müsste allerdings für beide genehm sein: am besten Halbschatten. Die kleineren Arten pflanzt man idealerweise in den Vordergrund eines

Hochbeets. Nur so kann man den Duft richtig
genießen.

Daphne blagayana, der Königs-Seidelbast, ist etwas
für Liebhaber. Besonders schöne, duftende, weiße
Blüten machen diesen Winzling zu einer Rarität.
Halbimmergrün, kriechender Wuchs, Blüten in
endständigen Büscheln – ein kleiner König. Ich habe
schon oft Gartenbesucher raten lassen, was das
denn für eine Pflanze sei. Kamelien und Rhododendren waren im Angebot, Seidelbast nie. Und ich
gebe zu, er sieht auch eher wie ein exotischer Mini-
Rhododendron aus. (Höhe ca. 20 cm).
Höhe 1 m – 1,50 m   Januar bis März

Hamamelis mollis ´Coombe Wood´
Chinesische Zaubernuss

Mit ihren berauschend intensiv süß und vanille-
ähnlich duftenden goldgelben Blüten ist diese
Zaubernuss ein Hauptdarsteller im winterlichen
Garten.
Die spinnenartigen, filigranen Blüten erscheinen
sehr früh im Jahr, schon Anfang Januar. Sie haben
etwas Feenartiges an sich, das dem Garten einen
gewissen Zauber verleiht. Aber je nach Geschmack
auch kurios wirken kann.
Das Laub nimmt im Herbst eine leuchtende Färbung
an. Ein ausgezeichneter Strauch, der mit wenig

Pflege vor allem an dunklen Wintertagen mit Duft und Farbe ein Leuchten in den Garten bringt.

Der Duft der Sorte ´Brevipetala´ ist ganz anders: schwer, an Weihrauch erinnernd. Hier haben die dichten, kurzen Blütenbüschel einen kupfrigen Schimmer.

Das legendäre süße Parfum mit würzigen oder fruchtigen Nuancen ist am ehesten bei den gelb blühenden Sorten zu finden.

Höhe und Breite: 3-5 m   Januar bis März

Helleborus odorus
Duftende Nieswurz

Sie wird die „süßduftende Christrose" genannt. Der Duft ist bei Christrosen eine Ausnahme. Die schalenförmigen, grünlichen Blüten, die so verschämt nach unten schauen, haben das bei dem herrlich süßen Duft gar nicht nötig. Das deutlich gefingerte Laub ist das ganze Jahr hindurch eine Freude.

Im Halbschatten, unter Gehölzen, auch am Fuß einer Nordwand fühlt sie sich ausgesprochen wohl. Sie möchte nicht gerne gestört werden und ist sehr „bodenständig"!

Höhe: etwa 30 cm   Dezember bis Februar

Iris unguicularis
Winter-Iris

Der köstliche Duft aller winterblühenden Iris-Arten wird mit „wie der erste Frühlingshauch" beschrieben. Nur, wie duftet er? Für mich duften die herrlichen, violetten Blüten mit ihrem satten, gelben Band süß und fruchtig zugleich.
Zwischen den schmalen, immergrünen Blättern erscheinen sie einzeln, gut geschützt vor rauen Winterwinden. Und unermüdlich, zuweilen schon ab Dezember.
Am wohlsten fühlt sie sich an einem sonnigen Platz am Fuße einer Mauer. Und am schönsten blüht sie, wenn dem Winter ein langer, trockener Sommer und Herbst vorausgingen, so dass ihre Rhizome gut ausreifen konnten. Das muss in diesem Jahr eine Prachtblüte werden. Denn trockener, sonniger und länger konnte der Sommer 2018 nicht sein.

Am zauberhaftesten sieht sie aus, wenn ihre reizenden Blüten sich aus dem Schnee erheben.

Die Blüten der Sorte ´Walter Butt´ duften ganz besonders intensiv, sind sehr groß und haben eine hinreißende Farbe: blass lavendelfarben, fast grau. Sie ist eine der ersten, die blüht, manchmal schon im Spätherbst.
Höhe: 30 cm   Dezember bis März

Lonicera x *purpusii* ´Winter Beauty´
Winterblühendes Geißblatt

Einen intensiven Duft, an Veilchen erinnernd, bringt dieses Geißblatt in den Garten – besonders wahrnehmbar an windstillen Tagen. Fast unwirklich in dieser Jahreszeit. Obwohl die kleinen, weißen Blüten recht unscheinbar sind, fallen sie auf. Im Spätfrühling, wenn es Blüten in Hülle und Fülle gibt, würde man sie kaum bemerken.

Wir haben diese Winterschönheit an einem Spalier zwischen zwei Fenstern gezogen. So kann ich ihren Duft aus nächster Nähe genießen. Außerdem ist es amüsant zu beobachten, dass fast jeder, der an unserem Vorgarten vorbeigeht, die Veilchen sucht. Von denen ja der Duft kommen muss. Eben nicht! ´Winter Beauty´ ist der großzügige Spender dieses charakteristischen Dufts.

Bei uns im Rhein-Main-Gebiet ist dieses Geißblatt halbimmergrün. Sein schönes, mattgrünes Laub ist das ganze Jahr über eine Zierde. Es werden selten Früchte angesetzt. Wenn ja, sind es leuchtend rote Herzchen.

Versuchen Sie unbedingt, die Sorte ´Winter Beauty´ zu bekommen. Sie hat größere, weißere, intensiver duftende Blüten als die Art.

Nur für Fortgeschrittene: *Lonicera* x *purpusii* ist eine Kreuzung zwischen *Lonicera fragrantissima* und *L. standishii*. Übrigens 1920 im Botanischen Garten in Darmstadt entstanden. Und ´Winter Beauty´ ist eine Rückkreuzung mit *L. fragrantissima* und wurde 1966 von der Baumschule Hillier in England in den Handel gebracht. Keine Angst, ich höre jetzt auf.

Höhe: 2 m   Dezember bis Februar

Mahonia
Mahonie

Mahonien gehören mit zu den Anwärtern auf den Titel „Miss Duft" – sie sind sozusagen in der Endauswahl. Den ganzen Winter über bringen sie Blüten hervor, um im Februar in Hochform zu sein. Blüten und Duft sind dann überwältigend. Ihr immergrünes, glänzendes, ilexartiges Laub könnte das ganze Jahr über eine Zierde sein – wenn es nicht allzu oft von Mehltau befallen würde.

Mahonia aquifolium ´Smaragd´
Ihr köstlicher, süßer Honigduft gehört zu den eindrucksvollsten des Spätwinters. Die kurzen, dichten Trauben rundlicher, glockiger, leuchtend gelber Blüten machen diesen kompakten Strauch als Solitär sehr gut geeignet. Das glänzend-smaragdgrüne Laub nimmt im Winter oft eine rot-

violette Färbung an. Die großen, kugeligen, blauschwarzen Früchte gaben ihm den englischen Namen „Oregon Grape".
Die Winterhärte dieser Sorte wird mit bis -27 °C angegeben.

Höhe: 60-80 cm   Februar bis März

Mahonia japonica

Nicht weniger überwältigend, aber eindeutig nach Maiglöckchen, duften die Rispen voller kleiner, hellgelber Blütenglöckchen. Eine wunderschöne Art, die besonders früh blüht und weniger anfällig für Mehltau ist.
Eigentlich gehört dieser Strauch in jeden winter-lichen Duftgarten – wenn er nicht ein weißes oder anderes Farbkonzept hat.

Höhe: 2 m   Dezember bis März

Sarcococca
Fleischbeere

Als wir einmal bei einer Kamelienausstellung den großen Raum betraten, waren wir umhüllt von dem wunderbarsten Honigduft. Mein Gott, dachte ich, welche Kamelie hat diesen umwerfenden Duft! Die kleine *Camellia lutchuensis* duftet zwar herrlich nach Honig – aber raumfüllend?

Es war keine Kamelie, die für dieses Dufterlebnis verantwortlich war. Nein, drei kleine Sarcococca-Pflanzen haben das Wunder vollbracht, unscheinbar und zurückhaltend. Ich habe nun einige Arten im Garten verteilt. Ein kleiner Strauch vor dem Kellerfenster verströmt seinen Duft nicht nur im Vorgarten, sondern auch im gesamten Kellerbereich.

Sarcococca-Arten sind klein, oft sehr klein, immergrün und haben winzige, cremefarbene Blüten. Sind sie weiblich, haben sie rosa getönte Staubbeutel. Der Winter ist ihre Hochzeit – sobald der Frühling naht, beginnen die Blüten mit ihrem intensiven Honigduft zu welken.

Sarcococca ist eine hervorragende Alternative zu Buchs. Und garantiert ohne Schädlinge.

Sarcococca hookeriana var. *humilis*

Ein verschwenderischer Honigduft entströmt den Büscheln kleiner Blütchen. Für mich der herrlichste aller Winterdüfte.

Selbst den größten Wintermuffel wird es in den Garten ziehen, allein um den Duft von *Sarcococca humilis* zu genießen.

Dieser kleine, buschige Strauch wächst kugelig, ganz ohne Schnitt.

Zu beiden Seiten des Eingangs mit Schneeglöckchen

und Christrosen – an milden Wintertagen ein himmlischer Genuss.

Höhe und Breite: bis 50 cm   Dezember bis März

Sarcococca ruscifolia

Die cremeweißen Blütenbüschel duften auch sehr intensiv – nach Maiglöckchen. Es ist erstaunlich, zu welchen Leistungen so kleine Blüten fähig sind. Ohne ihren Duft würden sie leicht übersehen.

Diese Art hat winzige, ovale, dunkelgrüne Blättchen, wächst aufrecht mit bogig überhängenden Zweigen. Die kleinen Beeren sind erst rot, bevor sie wie bei *S. humilis*, lackschwarz werden.

Höhe: bis 1 m   Dezember bis März

Viburnum x *bodnantense*
Winter-Schneeball

Süß und nussig, an Marzipan erinnernd, duften die Blütenbüschel des Schneeballs – Juwelen in der Winterzeit. Die wie aus Porzellan geformten Blüten erscheinen an noch blattlosen Zweigen von November an. Ein aufrecht wachsender Strauch mit ovalen, gezähnten Blättern, erst bronzefarben, dann grün.

Höhe: bis 3 m   November bis Februar

Viburnum x *bodnantense* ´Dawn´

hat dunkelrosa Blüten. Mit der Zeit verblasst die Tönung, wodurch die dunkelrosa Zeichnung deutlicher wird. Auch die Staubgefäße sind rosa. Die Sorte ist sehr starkwüchsig und hat besonders großes Laub.

Viburnum x *bodnantense* ´Deben´

Zart rosafarbene Knospen öffnen sich zu weißen Blüten mit cremefarbenen Staubgefäßen. Im Sommer würden sie kaum auffallen, im Winter dagegen sind sie eine Seltenheit. Eine Kostbarkeit, die mit ihrem zauberhaften Duft uns die dunkelsten Tage versüßt.

Viola odorata
Duftveilchen

Der Veilchenduft ist unvergleichlich: süß, warm und romantisch. Bereit, uns das Leben zu verschönern und leichter zu machen.
Aber im Winter? Sicher, die Hauptblütezeiten sind das Frühjahr und der Spätherbst. Aber selbst dazwischen gibt es immer wieder eins zu entdecken. Und im Winter kommt es mir fast unwirklich vor. Umso mehr aber begrüßenswert.

Veilchen verhalten sich im Reich der Blüten recht ungewöhnlich. Zu ihrer Fortpflanzung sind Insekten nicht erforderlich. Die Samen bilden sich in „kleistogamen" Blüten, die sich als unscheinbare, grüne Knospen im Anschluss an die eigentliche Blüte bilden. Sie entwickeln sich darin ohne Fremdbestäubung. Sie sind mit zucker- und fetthaltigen Anhängseln versehen und werden deshalb gern von Ameisen verschleppt. Kein Wunder, dass sie überall im Garten auftauchen.

Die „normalen" Blüten werden nur bei niedrigen Temperaturen gebildet. Steigt das Thermometer beständig über 8 °C, erscheinen stattdessen die grünen Samenkapseln.

So braucht sich das Veilchen nicht auf seinen Duft zu verlassen. Es kann in dieser Beziehung ruhig etwas launisch sein. Und das ist es auch, indem sein Duft unsere Geruchsnerven ermüdet. Nicht zuletzt hat dieses Phänomen den Veilchenduft so beliebt gemacht. Ein Zuviel davon ist unmöglich.

Unmöglich ist sicher, dass ich mich hier, mitten im Winter, so ausführlich über Veilchen auslasse. Sie üben jedoch zu jeder Jahreszeit eine Faszination aus. Auf mich jedenfalls.

Ribes laurifolium

Crocus im Schnee

Auch ohne Duft nicht zu verachten

Duft ist ja sozusagen die Zugabe, die uns im Winter in den Garten lockt. Es sind die kleinen, unscheinbaren Blüten, die ja auch durch irgend etwas auf sich aufmerksam machen müssen.

Viele Pflanzen jedoch haben solch ein Lockmittel gar nicht nötig. Sie fallen auch so auf. Ob nun durch größere, leuchtendere Blüten – einen bizarren Knospenansatz – eine dekorative Rinde – schönes Laub oder einfach durch ihren Wuchs. Ihre Silhouette, ihre Gesamterscheinung und ein artgerechter Schnitt – das sind Aspekte, auf die leider viel zu wenig geachtet wird. Und der Winter bringt es erbarmungslos an den Tag.

Betula utilis var. jacquemontii
Weiße Himalaya-Birke

Mit ihrem auffallend weißen Stamm ist sie eine der hübschesten Birken. Besonders schön im Winter. Ein absoluter Blickfang mit ihrer leicht abblätternden Rinde.
Besonders gut kommen diese weißstämmigen Birken zur Geltung, wenn man sie in kleinen

Gruppen – etwa zu dreien – pflanzt. Oder als Solitär. Sie brauchen Platz, um richtig zur Geltung zu kommen. Es sieht sehr reizvoll aus, die Birken zu unterpflanzen. Schneeglöckchen und Cyclamen heben die weißen Stämme hervor und lassen sie noch leuchtender erscheinen. Ein Lichtblick in der Winterzeit.

Wir haben zwar eine Birke in unserem kleinen Garten, direkt an der Grenze zum Nachbarn. Zum Glück an einer Stelle, an der beide Rückseiten der Gärten aneinander stoßen. So steht sie sehr frei und beherrscht die ganze Gegend. Wir haben sie nicht gepflanzt. Nein: mitgekauft. Ich möchte sie nicht missen, tue alles, um sie gesund und in Form zu halten, aber sie ist nun einmal eine ganz gewöhnliche Birke. Ich will ja nicht undankbar sein: aber eine mit einer schimmernd weißen Rinde wäre in meinem weißen Garten unvergleichlich schöner. Höhe: bis 15 m   Aspekt: Rinde

Betula utilis ´Doorenbos´
Eine sehr auffallende, weiße Rinde, besonders bei älteren Bäumen, die sich quer abrollt. ´Doorenbos´ hat eine relativ breite Krone und kann bis zu 20 m hoch werden.

Betula utilis var. *jacquemontii* ´Grayswood Ghost´

Na, wenn das keine beeindruckende Pflanzen-
bezeichnung ist. ´Grayswood Ghost´ mit ihrem
geisterhaft weißen Stamm macht ihrem Namen alle
Ehre. Es muss ein sehr dominanter Geist in Surrey,
im Südosten Englands, gewesen sein. Sie ist eine
der weißesten Birken mit ihrer glatten, glänzenden
Rinde.
Nicht nur im Winter, auch im Sommer ein Highlight.
Ihre dichte Krone aus großen, glänzenden Blättern
ist ein sehr schöner Kontrast zu dem weißen
Stamm.

Camellia japonica
Kamelie

Ist es nicht wunderbar, große, spektakuläre Blüten
mitten im Winter zu haben? Ein Wunder ist es
nicht. Es sind die Blüten der Kamelien. Im 19. Jahr-
hundert übten sie eine solche Faszination aus, dass
von einem Boom gesprochen wurde. Damals nur
unter Glas gezogen, heute durchaus als äußerst
dekorative Gartenpflanze zu betrachten. Wenn man
die richtige Sorte an den richtigen Standort richtig
pflanzt.

Das ganze Jahr über ein prächtiger Strauch mit schönem, immergrünem glänzenden Laub und ins Auge fallendem Knospenansatz. Ihre Hochzeit jedoch ist die Zeit der Blüte.

Es gibt frühblühende Sorten, wie ´Nobilissima´, die in einem milden Winter sogar schon an Weihnachten blühen können. Beginn und Ende der Blütezeit hängen nicht nur von der Sorte, sondern auch vom Witterungsverlauf ab. Die gleiche Pflanze kann in einem Jahr verhältnismäßig früh, in einem anderen Jahr deutlich später blühen. Die Reihenfolge des Blühbeginns bleibt bei den einzelnen Sorten jedoch meist gleich. Wie schön, dass sich die Knospen der Kamelien nie alle auf einmal öffnen. Alle schön nach einander. So kommen wir über viele Wochen in den Genuss der herrlichen Blüten. Und noch eins: Bei Minustemperaturen erfrieren nur die geöffneten Blüten. Die Knospen bleiben in Warteposition, bis der Frost vorbei ist.

Die Palette der Blütenfarben lässt nichts zu wünschen übrig. Außer man möchte unbedingt leuchtend gelbe oder blaue Blüten haben. Mein Enkel hat als Dreijähriger um die Weihnachtszeit gesagt: „Alles haben kann man nicht!" Wie wahr!

Ich finde weiße oder ganz zart rosa getönte Blüten in einem winterlichen oder vorfrühlingshaften Garten am schönsten. Und das nicht nur, weil ich einen weißen Garten habe. Diese Jahreszeit ist geprägt von subtilen Tönen. Eine kirschrote Blüte wie bei *C. ´Adolphe Audusson´* und dann vielleicht noch vor den ersten Forsythien in leuchtendem Gelb – nun, der Geschmack ist verschieden. Manch einer braucht möglicherweise solch einen Knalleffekt in der tristen Jahreszeit. Das soll jetzt keine Wertung sein.

Kamelien fühlen sich in Gruppen am wohlsten. Das muss nicht dieselbe Sorte sein. Sie lieben nur keine Solitärstellung. Und hätten nur gerne einen Partner. Wenigstens in Sichtweite. Irgendwie ja menschlich.

Zusammen mit anderen Moorbeetpflanzen –wie Rhododendren und Lavendelheide – wirken sie am besten. Umgeben von Schneeglöckchen, Glockenblumen und Cyclamen. Eine leicht asiatische Gestaltung mit Wasser und Steinen kommt ihrem Naturstandort am nächsten.

Folgende Sorten gehören zu denen, die ausgepflanzt im Freiland am frühesten blühen. Ich habe sie seit Jahren im Garten. ´Adolphe Audusson´ dagegen beobachte ich schon seit langem im Frankfurter Nizza, einer öffentlichen Anlage.

C. ´Adolphe Audusson´
mit halbgefüllten, kirschroten Blüten, mit einem deutlichen Büschel Staubgefäße, gehört zu den großblütigen Kamelien. Sie hat einen kräftigen, aufrechten und kompakten Wuchs. Eine rote

Kamelie für Anfänger: sehr blühfreudig und winterhart. Sie ist bei vielen Kamelienfreunden seit Jahren
im Garten ausgepflanzt, selbst in relativ freien
Lagen.

Blütezeit: früh

C. ´Nobilissima´

Weiße Blüten mit cremefarbener Mitte, anemonen-
bis päonienförmig, mittelgroß und sehr edel - was
will man mehr? Der Wuchs ist locker und aufrecht.

´Nobilissima´ ist eine der ersten „Japonicas" im
Garten, die ihre Blüten öffnen. Oft schon zu
Weihnachten. Da sie sehr blühwillig ist, bringt man
es leichter übers Herz, einige Blüten zur Dekoration
abzuschneiden. Vielleicht für Heiligabend. Etwas
ganz Anderes, etwas ganz Edles.

Blütezeit: früh

C. ´Shiro-wabisuke´

ist mit ihren einfachen, relativ kleinen Blüten etwas
ganz Besonderes. Eine weiße, leicht duftende
schlichte Schönheit.

Obwohl diese Gruppe in jeglicher Hinsicht den
„Japonicas" ähnelt, werden die „Wabisukes" als
Hybriden angesehen. Im Allgemeinen haben sie
kleines, schmales Laub und einen offenen, lockeren

Wuchs. Seltsamerweise haben die Staubgefäße dieser Kamelien keine oder sehr wenig Staubbeutel. Das lässt sie sehr zart und ätherisch wirken.

Blütezeit: früh

C. ´Showa-wabisuke´

Ihre Blüten sind genauso exquisit. Weiß mit leuchtenden rosa Tönungen und einem herrlichen Duft.

Blütezeit: früh

Colchicum speciosum ´Album´

Zeitlose

Reinweiße, wächserne, große, breite Blüten lassen an Tulpen denken. Um diese Jahreszeit? Sie kommen später als die bekanntere Herbst-Zeitlose zur Blüte, so dass wir uns noch in der ersten Dezemberhälfte an den edlen Blüten erfreuen können.

Im Volksmund hat *Colchicum* viele Namen. Bei uns in Deutschland „Sohn vor dem Vater", in England dagegen „Naked Lady" und „Upstart" (Emporkömmling). Sieht man diesen Ausdruck positiv, ist er treffend gewählt. Die weißen Blüten erscheinen förmlich aus dem Nichts. Sie schießen so unvermittelt aus ihren Knollen, dass sie jedes Jahr aufs Neue überraschend da sind. Ohne jegliches Laub, heben sie sich sehr gut vor dunklen Koniferen ab, wirken als Lichtpunkte zwischen Sträuchern und auf dem Rasen. Wie bei den Herbst-Krokussen auch, kommen die sehr großen, hellgrünen Blätter erst im Frühling und ziehen im Frühsommer wieder ein.

Colchicum speciosum und auch *C. autumnale* mit ihren etwas fremdartig wirkenden Blüten werden in unseren Gärten leider viel zu selten gepflanzt. Man sollte sie so pflanzen, dass man sich in Sichtweite an ihnen erfreuen kann. Sehr schön zusammen mit dem runden, glänzenden Laub der Bergenien.
Höhe: bis 30 cm   Bis in den Dezember hinein

Cyclamen coum ssp. *coum*
Vorfrühlings-Alpenveilchen

Reizend, wenn die kleinen Blüten über dem schmelzenden Schnee schweben. Besonders Blüten in Schattierungen von Rosa bis hin zu Karmesin heben sich dann aufs Schönste hervor. Aber auch die weißen Blüten führen kein Schattendasein. Haben sie doch an jedem Blütenblatt einen entzückenden cyclamfarbenen Basalfleck.

Die rundlichen, nierenförmigen Blätter können in der Farbe sehr vielfältig sein. Oft ist das dunkle Grün sehr apart silbrig überhaucht.

Als Blütenteppich unter laubabwerfenden Gehölzen: einfach zauberhaft. Eine unglaubliche Wirkung erzielt man mit diesen frühblühenden Cyclamen zusammen mit Schneeglöckchen und Winterlingen unter Sträuchern und Bäumen. Und ganz besonders unter *Betula utilis* mit ihrer außergewöhnlich weißen Rinde.
Höhe: 5-8 cm   Januar bis Februar

Epimedium x *warleyense*
Elfenblume

Ihre Blüten in verschiedenen Schattierungen von Orange erscheinen von April bis Mai. Es sind also nicht die Blüten, die zur Gestaltung eines winterlichen Gartens beitragen.

Diese Staude für schattige bis halbschattige Standorte ist ein pflegeleichter und dekorativer Bodendecker. Und zwar das ganze Jahr über. Ist der Winter nicht allzu frostig, bleibt der schöne Blattschmuck auch über die kalte Jahreszeit erhalten.
Die Elfenblume wächst sehr gut, ohne jedoch zu wuchern. Im zeitigen Frühling wird das Laub

abgeschnitten. Ihre Blüten kommen vor dem Neuaustrieb der Blätter, der erst bräunlich mit grünen Adern ist. Um dann zu einem frischen Grün zu werden.
Ein Bodendecker für frische, humose Böden, der das ganze Jahr über reizvoll ist.

Die Sorte ´Orangekönigin´ hat hell orangefarbene Blüten. ´Ellen Willmott´ dagegen schmückt sich mit zweifarbigen Blüten in Gelb und einem bräunlichen Orange.
Höhe bis 30 cm   wintergrün

Eranthis hyemalis
Kleiner Winterling

Leuchtend gelb, ähnlich den Butterblumen, mit einer Halskrause aus grünen Blättchen: eine der ersten Stauden, die Farbe in den winterlichen Garten bringt. Das schönste Bild ergibt sich, wenn die Blüten über einer dünnen Schneeschicht erscheinen. Ihre Stängel sind gerade lang genug, um die Blüten über die weiße Pracht hinwegzuheben.

Winterlinge fühlen sich unter Bäumen und Sträuchern am wohlsten. Dort wirken sie auch am natürlichsten. Sie versamen sich schnell und reichlich. Es dauert allerdings drei bis vier Jahre, bis die Sämlinge zur Blüte kommen. Können sie sich ungestört vermehren, bilden sie mit der Zeit einen üppigen Teppich. In solchen Massen ist auch ihr leicht süßlicher Duft deutlich wahrnehmbar. Möchte man ihre Ausdehnung in Grenzen halten und nur ein paar leuchtende Farbakzente im Garten haben, muss man die Samenkapseln rechtzeitig entfernen. Wie ich.

Wie schon gesagt, blüht es bei mir im Garten weiß. Sollte es jedenfalls. Ich toleriere durchaus hier und da ein Farbfleckchen in Violett, wie bei den Veilchen. Auch blau, wenn sich meine weißen Blausterne wieder auf ihre Ursprungsfarbe besinnen. Aber gelb? Nicht gerade meine Farbe.

Nun kamen die Winterlinge dank ihrer Verwilderungsfreude fröhlich vom Nachbargarten herüber. In meinen dunkelsten Ecken im Garten darf so ein kleiner, leuchtend gelber Klecks ruhig etwas Licht in das Grau bringen. Die Betonung liegt auf: „klein" und „etwas".

Ich habe die Sorte ´Schwefelglanz´ ausprobiert. Ihre Farbe wird mit einem zarteren, grünlichen Gelb beschrieben. Nun ja, kein richtiges Gelb und von Weiß meilenweit entfernt. Dann schon lieber an manchen Stellen Butterblumengelb!
Höhe: ca. 5 cm   Februar

Erica x *darleyensis*
´Kramer´s Rote´
Winterblühende Heide, Erika

Mit ihren rubinroten Blütenglocken bringt diese
Erica carnea-Hybride schon von Dezember an ein
Leuchten in die so viel beklagte triste Jahreszeit. Die
durch die winterblühenden Erikas alles andere als
trist sein muss. Und das den ganzen Dezember, den
ganzen Januar, den ganzen Februar hindurch und
noch im März.
Sie wächst buschig, dicht und aufrecht, wird etwas
breiter als hoch. Generell bevorzugen Erikas einen
sauren Boden. ´Kramer´s Rote´ ist aber kalk-
unempfindlich. Ihr immergrünes, nadelartiges Laub
ist eine Zierde für sich. Um sie gesund und vital zu
halten, sollte sie regelmäßig nach der Blüte geschnitten werden. So bleibt auch der Wuchs
kompakt, und die kleinen Sträucher fallen nicht
auseinander.

In großen Tuffs mit niedrigen Koniferen wie *Pinus
mugo* ist die Wirkung wunderschön. Hat man einen
kleinen Hang oder einen hügeligen Steingarten
kann man versuchen, einen rot-rosa-weißen
Wasserfall zu kreieren. Fangen Sie am höchsten
Punkt mit der rubinroten ´Kramer´s Rote´ an.
Gefolgt von einem zarteren Ton wie zum Beispiel
dem von *Erica carnea* ´Lohse´s Rubin´. Sie blüht
zunächst zartrosa auf, um sich dann in ein Rubin-

rosa zu verwandeln. Und last not least: *Erica* x *darleyensis* ´White Perfection´ mit reinweißen, langen Blütenrispen.
Das ist nur ein Vorschlag. Ein bisschen Experimentieren hat noch nie geschadet. Da *Erica carnea* von Natur aus niedriger bleibt, muss ´White Perfection´ in ihrer Höhe etwas reduziert werden. Aber alle drei Sorten blühen schon ab Dezember.

Ich habe ´White Perfection´ kaskadenartig gepflanzt. Sie verlängern den Glanz des Schnees. Vielmehr: Sie täuschen ihn meistens nur vor. Aber aufs Anmutigste.
Höhe / Breite: 20 – 40 cm   Dezember bis März

Galanthus
Schneeglöckchen

Weiß wie Schnee. Jedes für sich einzigartig und äußerst apart. Wenn sie im Sommer blühen würden, kein Mensch würde sie beachten. Wohlweislich tun sie es nicht. Nein, sie blühen klugerweise im Winter!

Drei kleinere innere und drei größere blütenblattähnliche Hüllblätter – mehr ist es nicht. Und ungeahnt viele Variationen. Für den „normalen" Gartenfreund kaum zu unterscheiden. Denn als normal ist es nicht mehr zu bezeichnen, eher als

Leidenschaft. Oder ist es sogar eine Sucht? Nach einem seltenen Schneeglöckchen, oft zu einem horrenden Preis, zu fahnden? Und nur, weil es ein grünes Pünktchen auf dem inneren Blütenblatt mehr oder eine zusätzliche Markierung auf dem äußeren hat. Mich betrifft das alles gar nicht. Ich habe ja erst knapp über hundert Sorten und freue mich schon sehr auf die erste Verkaufsausstellung im Februar. Wohlgemerkt: Ich kann mich beherrschen, was den Preis angeht.

Galanthus nivalis

ist das klassische Schneeglöckchen und ist auch am besten zum Verwildern geeignet. In günstigen Lagen erscheint es schon im Januar und tanzt in seiner Schlichtheit den Eröffnungswalzer – aller Schneeglöckchen-Manie zum Trotz.

Galanthus elwesii

ist der große Bruder von *G. nivalis*. Alles ist größer, es blüht früher und hat sogar einen leichten Honigduft.

***

Die schönsten Schneeglöckchenbestände sieht man in Gärten, in denen sie sich ungestört ausbreiten können. Unter Bäumen und Sträuchern mit dem herabfallenden Laub als Humusschicht fühlen sie sich sehr wohl.

Seltenere Sorten kommen gut vor dem Laub von *Cyclamen hederifolium*, dem Herbst-Alpenveilchen, zur Geltung. Man möchte ja seine Raritäten gebührend bewundern und auch präsentieren.

Werden die Horste zu dicht, sollten sie direkt nach der Blüte ausgelichtet und umgepflanzt werden. Es wäre schade, wenn sie sich gegenseitig ersticken würden. Wichtig ist, genug Erde an den Zwiebeln zu lassen.
Bei Minusgraden hängen die Schneeglöckchen sehr schnell die Köpfe und liegen platt am Boden.
Steigen die Temperaturen wieder, richten sie sich wieder auf, als wäre nichts gewesen. Sie lagern in ihre Zellen zuckerhaltige Substanzen ein. Damit verringern sie den Gefrierpunkt des Zellplasmas. Sehr klug von diesen Stehaufmännchen.

Schneeglöckchen kauft man am besten „in the green", während oder direkt nach der Blüte. Und dann sollten sie auch gleich gepflanzt werden. Außerdem ist es wesentlich aufregender, sich die blühenden Kostbarkeiten auszusuchen – als im Herbst trockene Zwiebeln zu erstehen. Da ist schon viel Fantasie erforderlich. Und Vertrauen.

Die Vorfrühlingsboten wegen ihres bisschen Gifts aus dem Garten zu verbannen, würde nicht zu verstehen sein. Man sollte das Schneeglöckchen beschützen und sich nicht an ihm vergreifen. Und es schon gar nicht essen. Bei den Preisen, die heute für ein einzelnes Zwiebelchen einer seltenen Sorte verlangt werden, wäre das allein aus dem Grund schon eine Sünde. Giftig ist das Schneeglöckchen, besonders die Zwiebel, durch Alkaloide. Man kann aber weder sich noch andere damit umbringen. Weder absichtlich, noch unabsichtlich.

Inzwischen gibt es weit über tausend Sorten. Da ich jedoch kein Schneeglöckchen-Buch schreibe, habe ich hier nur einige Sorten ausgesucht, die besonders früh im Winter blühen. Und erschwinglich sind.

Galanthus elwesii ʹRemember Rememberʹ
mit feinen grünen Streifen auf den äußeren Blütenblättern.   .
November bis Dezember

Galanthus elwesii var. *monostictus* ʹHiemalisʹ
Schon vor Weihnachten erscheinen die großen Blüten. Ein schöner Blickfang.
Dezember bis Januar

Galanthus elwesii ´Happy New Year´

Seine entzückenden Glocken läuten zuverlässig das neue Jahr ein. Ein Schneeglöckchen für einen sonnigen Platz.

Dezember bis Januar

Galanthus plicatus ´Diggory´

mit schneeweißen, nach innen gewölbten, dicken, gekreppten äußeren Blütenblättern. Schönes, breites Laub.

Februar

Galanthus ´Mrs. Thompson´

mit sehr großen Blüten. Bei älteren Pflanzen bilden sich oft sechs äußere Blütenblätter. Dieses außergewöhnliche Schneeglöckchen wirkt dann wie ein Schirm.

Februar

Galanthus nivalis ´Angelique´

Bei ihm sind die inneren Blütenblätter fast so lang wie die äußeren. Das nennt man „poculiform". Mit winzigen, grünen Markierungen an den inneren Blütenblättern. Ein sehr gut wachsendes Schneeglöckchen.

Februar bis März

***

Schneeglöckchen lieben es gar nicht, in Töpfen gezogen zu werden. Es wäre so leicht, sie dann von unten zu betrachten. Ihr Innenleben ist nun einmal besonders faszinierend. Nein, sie fühlen sich am wohlsten im Garten. Ein Hochbeet würde sich anbieten. Sich platt auf die Erde zu legen, wird in dieser Jahreszeit sehr ungemütlich sein. Außerdem setzt es körperliche Fitness voraus.

Oder man macht es wie englische Schneeglöckchen-Enthusiasten: ein Taschenspiegel am unteren Ende eines Stocks befestigt. Und schon können Sie entspannt und gemütlich lustwandeln. Eine reizende Art, seine Schätze genauestens zu betrachten.

Helleborus niger
Christrose

Mit einer Rose hat die Christrose botanisch gesehen nicht das Geringste zu tun. Die großen, schalenförmigen, etwas nickenden weißen Blüten gehen im Verblühen in zartrosa und später in zartgrün über.

Sie erscheinen im Januar. Oft schon früher, rechtzeitig zur Weihnachtszeit. Christrosen wachsen langsam und leben lange. Mit der Zeit bilden sich lockere Büsche von 20 cm Höhe und 40 cm Breite. Das dunkelgrüne, gezähnte Laub ist ein schöner Kontrast zu den weißen Blüten. Ein durchlässiger, lehm- und kalkhaltiger Boden ist ihr am liebsten. Und Feuchtigkeit zur Blütezeit. Durch emsiges Hacken gestört zu werden, mag sie gar nicht.

Im Frühsommer werden die reifen Samen fleißig von Ameisen und Schnecken verschleppt. So kommen wir ganz ohne unser Zutun in den Genuss der unterschiedlichsten Spielarten.

Apropos Genuss: Damit meine ich den optischen. Von einem kulinarischen sollte man tunlichst Abstand nehmen. Schon drei reife Samenkapseln können zu ernsten Vergiftungen führen. Die getrockneten, zerriebenen Wurzeln wurden früher als Niespulver verwendet, sind aber seit 1985 nicht mehr zugelassen.
Aber keine Sorge: Sie können sich gefahrlos an den Christrosen erfreuen, solange Sie nicht auf die Idee kommen, mit den Samen Ihr Müsli anzureichern. Oder mit den Wurzeln eine spezielle Art von „l´eau de vivre" herzustellen.

Mit Christrosen lassen sich besonders schöne Gartenbilder zaubern. Zusammen mit *Sarcococca* und Seidelbast, die für den winterlichen Duft sorgen, mit Schneeglöckchen und anderen Zwiebelblühern braucht kein Garten im Winter trostlos auszusehen.
Ein Lichtblick in der dunklen Jahreszeit, das ist eindeutig die klassische weiße Christrose, *Helleborus niger*.

Die Sorte ´Praecox´ gehört zu den Frühaufstehern.
Sie blüht schon ab Anfang November. Und bis Ende
Januar erscheinen unermüdlich neue Blüten.

Es gibt jedoch noch andere *Helleborus*-Arten mit
einem erstaunlichen Farbspektrum. Sie wurden mit
H. orientalis, der Lenzrose, gekreuzt. Diese
Orientalis-Hybriden blühen etwas später. Von
einfachen bis gefüllten Blüten, von Farben in den
zartesten Tönen bis zu einem fast Schwarz – hier
müsste für jeden Geschmack etwas dabei sein. Zum
Appetitanregen:

Helleborus x orientalis ´Double Ellen Purple´
Eine traumhafte, locker gefüllte Blüte in einem
noch traumhafteren Purpur-Ton.
Höhe: 30-40 cm　　　　　　Februar bis April

Helleborus x *orientalis* ´Larissa´
Ja, wie soll ich den Farbton beschreiben. Man muss
ihn gesehen haben. Ein ganz zartes, etwas müdes
Rosa-Apricot, eigentlich nur ein Hauch mit
winzigen, dunklen Pünktchen. Eine nostalgische
Blüte.
Höhe: 30-40 cm　　　　　　Februar bis April

***

74

Eine Christrose in die Nähe des Hauseingangs gepflanzt, soll die bösen Geister fernhalten. Ob man nun daran glaubt oder nicht – es sieht auf jeden Fall reizvoll und einladend aus.

Leucojum vernum
Frühlings-Knotenblume, Märzenbecher

Die milchweißen, dicken Glocken sind an ihrem Rand grün, zuweilen auch gelb, getupft. Sie erscheinen von Februar bis April und duften zart nach Veilchen. Von einem „Verströmen" kann hier nicht die Rede sein, für feine Nasen jedoch durchaus wahrnehmbar.

Die schmalen, dunkelgrünen, glänzenden Blätter werden 20-30 cm hoch. Sie sterben ab, wenn die Blütezeit beendet ist.
Durch das Gewicht der Samenkapsel neigt sich der Blütenstängel zum Boden. Der Weg in die Erde ist nicht weit. Die natürliche Vermehrung ist gesichert.

Die unter Naturschutz stehende Frühlings-Knotenblume wünscht sich einen frischen, leicht feuchten Boden und einen sonnigen bis halbschattigen Platz. Sehr eindrucksvoll unter laubabwerfenden Bäumen. Sie wird sich dann fröhlich vermehren. Sofern man ihre Zwiebeln nicht vorher gegessen hat. - Das ist kein Witz. Die Zwiebeln sind schon mit kleinen Speisezwiebeln verwechselt worden. Und nicht nur von Kindern! Es droht Ihnen zwar nicht der Tod, doch unangenehm können die Folgen durchaus sein.

In gewisser Weise ist der Märzenbecher dem Schneeglöckchen ähnlich. Nicht nur durch die weißen Glöckchen in einer tristen Jahreszeit. Auch die giftigen Stoffe und deren Wirkung haben viele Gemeinsamkeiten. Und genauso ihr unschuldiges Daherkommen.

Mein Garten hat bei weitem nicht die Ausmaße, dass sich diese reizenden Glöckchen so ausbreiten könnten, dass der Ausdruck „verwildern" angebracht wäre. Aber auch ein kleiner Tuff hier und da im Garten, lässt den Frühling ahnen.

Höhe: 25-40 cm   Februar bis April

Nandina domestica
Nandina, Himmelsbambus

Zuallererst: Nandina sieht zwar aus wie ein zierlicher Bambus – ist aber keiner. Sie ist ein kleiner Strauch von lockerem, elegantem Wuchs mit langen, straffen, unverzweigten Stängeln. Einem attraktiven, purpurroten Austrieb folgen lanzettförmige, hellgrüne Fiederblätter. Und nicht zu vergessen eine wunderschöne Herbstfärbung. Von Juni bis Juli erscheinen bis 25 cm lange, konische Rispen aus cremeweißen Blütensternchen mit dominanten gelben Staubbeuteln. In heißen Sommern bilden sich grüne Früchte, die später leuchtend rot werden und bis zum späten Winter ein Augenschmaus sind.

Was hat das nun alles mit dem Winter zu tun? Nandina ist nun einmal das ganze Jahr hindurch attraktiv. Und so oft kommt das bei einem kleinen Strauch für einen kleinen Garten nicht vor. Noch einmal als Überblick: Im Frühling: leuchtend rot-bronzefarbener Neuaustrieb. Im Sommer: dekorative weiße Blütenrispen, das Laub wird grün. Später rote Früchte. Im Herbst: herrliche, rote Herbstfärbung. Und im Winter? Der elegante Wuchs, das filigrane, grüne Laub (es wird nach der Herbstfärbung wieder grün und fällt nur bei unter -10 °C ab) und leuchtend rote Beeren. Wenn die trockenen Rispen dann noch verschneit sind – ein zauberhafter Anblick.

Nandina bevorzugt einen durchlässigen, feuchten Boden im sauren Bereich und belohnt einen Schutz vor kalten Winden. Je sonniger der Standort, desto leuchtender die Herbstfärbung.
Am besten kommt Nandina als Solitär in einer leicht asiatisch anmutenden Gestaltung zur Geltung – mit Kamelien, Rhododendren, Azaleen, Steinen und Wasser.
Höhe: bis 1,50 m   Jahresaspekt

***

Die in Neuseeland gezüchtete Sorte ´Richmond´ hat
schmaleres Laub, einen baumähnlichen Wuchs und
auffallend rote Zweige. Sie ist zur Bestäubung auf
keine andere Pflanze angewiesen (zwittrig).

´Firepower´ hat einen besonders tollen Winteraspekt, eine wunderschöne, leuchtend rote Blatt-
färbung. Sie blüht selten und wird nur 50-75 cm
hoch.

Pachysandra axillaris
´Crûg´s Cover´
Ysander, Dickmännchen

Während bei dem bekannteren *P. terminalis* die
Blütenstände nicht vor April erscheinen, schmückt
sich diese Art aus China schon im Spätwinter mit
ihnen. Und nicht nur das! Ihre weißen, kurzen,
dichten Ähren duften angenehm süß. Die leicht
rötlichen Beeren sind ein zusätzlicher Aspekt über
dem äußerst dekorativen Laub. Glänzend grün und
ledrig.

Dieser entzückende Bodendecker bildet lockere
Teppiche und vermehrt sich über Ausläufer. Ein

immergrüner Bodendecker für halbschattige bis schattige Plätze. Sehr schön unter laubabwerfenden Bäumen, auch um kahle Stellen attraktiver zu gestalten. Die Erde sollte allerdings feucht und nährstoffreich sein.

Höhe: bis 20 cm   Februar

Prunus subhirtella ´Autumnalis´
Winter-Kirsche, Higan-Kirsche

Das Besondere an dieser Zierkirsche aus Ostasien ist ihre ungewöhnliche Blütezeit. Bei moderaten Temperaturen öffnen sich die ersten Blüten schon im November und Dezember. Aus rosafarbenen Knospen werden hellrosa bis weiße, halbgefüllte Blüten. Um diese Jahreszeit so etwas Duftiges ist fast unwirklich. In einem milden Winter, blüht diese Kirsche bis in den März hinein. Verdirbt ihr eine Frostperiode dagegen die Schau, legt sie vernünftigerweise eine Pause ein. Um noch einmal im März oder April ein sehenswertes Finale hinzulegen.

Das ist längst nicht alles, was sie zu bieten hat. Auch der Herbst hat seine schönen Seiten. Wenn sich das Grün der Blätter in ein prächtiges Gelb-Orange bis Violett-Braun verwandelt.

Ob ´Autumnalis´ nun als kleiner Baum oder großer Strauch gezogen wird, hängt von Ihrem Geschmack und von Ihrem verfügbaren Platz ab. So oder so werden Sie viel Freude an diesem Ziergehölz haben.

Ein frischer, humoser, leicht kalkhaltiger Boden und ein sonniger Standort – und schon ist die Winter-Kirsche glücklich. Je sonniger sie steht, desto spektakulärer ihre Herbstfärbung. Dieses frostharte Juwel bereichert jeden winterlichen Garten.

Die Sorte ´Autumnalis Rosea´ schmückt sich und erfreut uns erst mit tiefrosafarbenen Knospen, die sich zu reizenden hellrosa Blüten öffnen.
Höhe und Breite: 3-5 m   November bis April

Ribes laurifolium
Lorbeerblättrige Johannisbeere

Mit ihren cremeweißen, weich und süß duftenden Blüten ist die Lorbeerblättrige Johannisbeere etwas ganz Besonderes. Und das mitten im Winter. Die männlichen Blütentrauben sind bis zu 6 cm lang mit bis zu 12 einzelnen Blüten. Sie neigen sich sehr anmutig nach unten. Weibliche Pflanzen haben kleinere Blütenstände, die sich erst durch das Gewicht ihrer Früchte neigen. Die säuerlich schmeckenden Beeren bekommt man allerdings nur, wenn eine männliche Pflanze in der Nähe ist.

Die immergrünen, ledrigen Blätter mit dem leicht gezähnten Rand und zulaufender Spitze haben viel Ähnlichkeit mit einem Lorbeerblatt. Daher auch der Name. *Ribes laurifolium* stammt aus China und wächst sehr langsam. In 10 Jahren erreicht der kleine Strauch maximal einen guten Meter, in Höhe und Breite. An einem sonnigen bis halbschattigen Platz, immer leicht feucht unter Bäumen und Sträuchern wird er sich schnell heimisch fühlen. - Durch den niederliegenden Wuchs ideal zur Unterpflanzung. Und durch die entzückenden Blüten ein Highlight in dunklen Ecken.

Ribes laurifolium wird keinen Liebhaber von Raritäten enttäuschen. Und alle anderen verblüffen. Wenn Sie sich nur eine Pflanze zulegen wollen, ist eine männliche die bessere Wahl. Allein durch ihre üppigeren Blütenstände.
Die Sorte ´Amy Doncaster´ hat einen niedrigeren Wuchs. *Ribes laurifolium* Rosemoor Form wächst ordentlicher, nicht so sparrig und erfreut uns mit größeren Blüten.
Höhe und Breite: bis 1,20 m Januar bis März

Rose ´Schneewittchen´

Nicht nur wegen ihres Namens führe ich die öfterblühende Strauchrose ´Schneewittchen´ hier auf.

Aber auch. Sie wurde 1958 von Kordes eingeführt, heißt im englischen Sprachraum ´Iceberg´ und in Frankreich ´Fée des Neiges´. Sie ist eine der besten Strauchrosen, die je gezüchtet wurden. Die schön geformten Knospen öffnen sich zu lockeren, rein-weißen Blüten und erscheinen in großen Büscheln. Dieser blühende Traum steht bei uns im Vorgarten und ist gut 2 m hoch. Eine völlig unübliche Höhe, die allgemein mit 1,20 m angegeben wird.

Dieses ´Schneewittchen´ war meine erste Rose. Wir hatten, bevor mein Traum von einem eigenen, kleinen Garten Wirklichkeit wurde, einen winzigen Vorgarten, den ich bepflanzen konnte. Als wir umzogen, brachte ich es nicht fertig, mein kleines ´Schneewittchen´ einem ungewissen Schicksal zu überlassen. Ein strapaziöser Umzug unter chaoti-schen Bedingungen bei 30 °C Hitze im August (völlig unmöglich) ließ meine erste Rose zu einem Über-lebenskünstler werden. Nach dem Motto: Was mich nicht umbringt, macht mich stark. - Diese Rose ist jetzt seit fast 50 Jahren bei mir. Und heute, am 1. Februar 2019, habe ich ihre letzten Knospen und Blüten abgeschnitten. Nach einer frostigen Nacht. Ich dachte: „Jetzt war es genug. Nun darfst Du ein bisschen Kraft schöpfen für Dein Debüt im Früh-sommer." -Eine Blütezeit bis weit in den Winter hinein. Sogar der zarte Duft ist an milden Tagen wahrnehmbar. Eine Rose, die es mehr als verdient, hier und um diese Jahreszeit, aufgeführt zu werden.

Und welch ein zauberhafter Anblick: Oben blüht noch ´Schneewittchen´ und unter ihm Schneeglöck-chen. Ob nun vereinzelt oder ein ganzes Meer: Entzückender geht es kaum.
Höhe: ca. 1,20 m   Juni bis Februar!

Viburnum tinus
Lorbeerblättriger Schneeball

Aus leicht rosa getönten Knospen werden leuch-tend weiße, kleine Blüten in flachen, dekorativen Trugdolden. Je nachdem, wie sich der Winter entpuppt, erstreckt sich die Blütezeit zwischen November und April. Nach der Blüte bilden sich schöne, dunkelblaue bis schwarze Früchte. Nur als Zierde, nicht essbar!

Viburnum tinus ist ein immergrüner, kompakter Strauch, dicht und breit-aufrecht im Wuchs. Für einen sonnigen bis halbschattigen, windgeschützten Platz ist er dankbar.
Nicht nur die Blütenstände, auch das dunkelgrüne Laub werten jeden Garten im Winter auf. Ob als Solitär oder im Hintergrund einer Rabatte, Sie werden Ihre Freude an diesem Strauch haben. Er hat seine Heimat im Mittelmeer-Raum, ist bei uns aber winterhart. Wenn Sie nicht gerade in einer sehr unwirtlichen Gegend wohnen.
Vor 25 Jahren habe ich einmal in einem Wald voller

Kamelien unter einer *C.* ´Cornish Snow´ einen
Sämling ausgegraben. Einen unter Hunderten. Ich
hatte vor, mir eine kleine ´Cornish Snow´ zu ziehen.
Eine echte aus Cornwall.
Mir war zwar bewusst, dass Sämlinge nicht
sortenecht sind, und auch für jede Überraschung
gut sein können. Nun, mit der Zeit, das Pflänzchen
wurde größer und meine Zweifel auch. Irgendwie
sah das Laub so gar nicht wie das von Kamelien aus.
Und als die ersten Blüten erschienen, war mir
endgültig klar: alles, nur keine Kamelie.

Jetzt, 25 Jahre später, steht bei uns im tiefen
Schatten ein attraktiver Strauch: 2 m hoch mit
dunklem, mattgrünem Laub das ganze Jahr über
und reinweißen Blütendolden ab Dezember.
Eindeutig mit *Viburnum tinus*-Blut. Meine anfäng-
liche Enttäuschung hat sich sehr schnell gelegt. Eine
wunderschöne Ergänzung in meiner Rabatte voller
Kamelien.
Höhe: bis 1,50 m   Dezember bis März

***

Alle diese Schätze, die dem Winter trotzen und
gerade in der kalten, dunklen Jahreszeit ihren
Auftritt haben, haben einen donnernden Applaus
verdient. Als Zugabe verwöhnen uns viele mit
herrlich warmen Düften. Und am Ende haben sie
„standing ovations" verdient.

Farbenspiel

„Es gibt überall Blumen für die, die sie sehen wollen."

(Henri Matisse, 1947)

Mehr als zu den anderen Jahreszeiten verbringen wir im Winter viel Zeit im Haus. Mehr Zeit auch, aus dem Fenster zu schauen. Der Blick in die Ferne ist wichtiger denn je. Dem Auge etwas bieten, einen interessanten Punkt am Ende einer Sichtachse. Reizvolle Winterblüher eindrucksvoll zusammen-gestellt, farblich auf einander abgestimmt – Anziehungspunkte für den Gang nach draußen.

Kontraste, Formen, Strukturen und Farben – darauf kommt es im Winter besonders an. Wie wichtig Kontraste usw. sind, darüber habe ich schon im Kapitel „Stunde der Wahrheit" ausführlich geschrieben. Nun zu den Farben.

Nicht jeder wird solch ein „Weiß-Fanatiker" sein wie ich. Die meisten mögen es lieber farbig und finden weiß zu trist. Dabei ist <u>Weiß</u> die Summe aller Farben des Lichts (Eva Heller: Wie Farben wirken). Also, die bunteste Farbe. Auch wenn wir es nicht sehen.

Aber, ohne von Weiß zu schwärmen, geht es bei mir nun einmal nicht. Stellen Sie sich vor: eine Himalaya-Birke mit ihrer schneeweißen, bezaubernden Rinde. Und unter ihr wachsen Christrosen (*Helleborus niger*) und Schnee-glöckchen. Ein entzückendes Bild. Eine Harmonie, die keine Farbeffekte braucht. Im Gegenteil, sie würden nur die Vollkommenheit stören.

Möchte man eine Stelle des Gartens nur in einer Farbe gestalten, ist es im Winter mit <u>Gelb</u> am leichtesten. Mit Gelb ist die Auswahl am größten. Ob nun die Winterblüte (*Chimonanthus praecox*), die Chinesische Zaubernuss (*Hamamelis mollis*), Mahonien mit ihrem leuchtenden Gelb oder der kleine Winterling bis hin zu den Forsythien, die als letzte das Blühen übernehmen. Mit Gelb haben Sie die Qual der Wahl.

Auch die Palette der <u>Rosa-Töne</u> ist beachtlich. Die Herbstblühende Kamelie ´Navajo´ macht den An-fang und erfreut uns mit ihrem Farbenspiel von kräftigem Rosa bis zu Weiß. *Prunus* ´Autumnalis´, *Viburnum* x *bodnantense* ´Dawn´ in Dunkelrosa und *Daphne mezereum*, der Seidelbast, von Reinweiß bis Rosa-Purpur nehmen dem Winter seine Härte – mit ihren weichen, femininen Tönen.

Selbst an <u>Violett- und Purpur-Tönen</u> mangelt es nicht. Sie bringen eine gewisse Extravaganz in den Garten. *Helleborus* x *orientalis* ´Double Ellen

Purple´, *Crocus tommasinianus,* die Winter-Iris (*Iris unguicularis*), *Cyclamen coum* mit ihrem cyclam-farbenen Basalfleck, der selbst zur Farbbezeichnung wurde - und nicht zu vergessen die Veilchen, die es bei milder Witterung nicht abwarten können - - sie alle sind entzückende Kleinode.

Man könnte meinen, am schwierigsten wird es mit Rot um diese Jahreszeit. Das stimmt aber gar nicht. Wo es doch Kamelien gibt. *C.* ´Adolphe Audusson´ mit ihren kirschroten, großen, halbgefüllten Blüten wird ein leuchtender Blickfang sein. *Erica* ´Kramer´s Rote´ blüht ab Dezember in einem Rubinrot. Und die strahlend roten Früchte der Nandina nicht zu vergessen. Zwar klein, doch als Ganzes nicht zu verachten.
Unterschiedliche Rottöne, die gleichzeitig zur Stelle sind, können sich leicht als heikel erweisen. Und so genau planen, lässt sich das nie. Die Blütezeit kann sich durch die Witterung verschieben. Was man sich als Blühfolge gedacht hatte, erscheint nun plötzlich zusammen auf der Bildfläche. Harmonisch ist das dann nicht, wenn gelb-rote und blau-rote Schattierungen aufeinander treffen. Ich finde es schöner, die Farbe Rot einzeln und gezielt einzu-setzen.
In unserer Winterlandschaft, in der subtilere Töne vorherrschend sind, sollte man Rot sehr vorsichtig einsetzen. Wenig ist hier auf jeden Fall – mehr.

Ob man sich nun entscheidet, einen Teil oder auch nur ein Eckchen des Gartens Ton-in-Ton zu gestalten oder die Farben miteinander zu kombinieren, ist Geschmacksache. Rosa, Weiß und Purpur passen gut zusammen. Die strahlend rote Blüte der Kamelie ´Adolphe Audusson´ vor einer gelben Forsythie allerdings weniger. Und die Blütezeit kann durchaus zusammenfallen. Eine einzelne Pflanze, als Farbtupfer, als Solitär – ein Lichtblick im winterlichen Garten – das gefällt mir am besten. Die Konzentration auf einen Haupt-darsteller. Hierbei ist ganz wichtig: die Sorte einer Pflanze. Sie bestimmt über die Attraktivität des Gartens.

Nandina domestica Himmelsbambus

Nicht zu vergessen

„Mein Garten – ein Geben und Nehmen". Dieses Buch von mir erhielt 2016 den Deutschen Gartenbuchpreis.

Ein Geben und Nehmen. In dieser Reihenfolge im ganzen Leben, und wie sehr auch im Garten. Aber nicht nur, was die Pflanzen betrifft. Was wäre denn ein Garten ohne Vögel? Umherhüpfende Rotkehlchen, an Futtersäulen schaukelnde Meisen und in der Erde scharrende Amseln? Nur müssen sie auch etwas zu scharren haben. Dazu gehört nun einmal Laub, das Sie ja nicht mit dem Laubsauger entfernt haben. Sie alle machen den Garten im Winter lebendig. Aber nur, wenn sie sich wohlfühlen, wenn sie sich sicher fühlen und wenn sie einen gedeckten Tisch vorfinden.

Während des Winters ist das Nahrungsangebot der Natur zwangsläufig knapp. Den Vögeln nur eine offene Voliere, den freien Raum im Garten, zur Verfügung zu stellen, ist in dieser Jahreszeit zu wenig. Wir möchten ja, dass sie überleben und nicht abwandern. Also müssen wir füttern und dafür sorgen, dass sie Trinkwasser haben. Auch und besonders während frostiger Perioden. Das bedeutet, täglich für frisches Wasser zu sorgen. Auch Vögel reagieren wie „Gewohnheitsmenschen".

Änderungen erschrecken sie erst einmal. Sie brauchen einige Zeit, sich auf etwas Neues einzustellen. Steht am gewohnten Platz keine Schale mit Wasser mehr, hängt die Futtersäule woanders und auch das Vogelhäuschen ist umgezogen – die Panik ist vorprogrammiert. Und das sollten wir ihnen ersparen. Wenn wir schon eine solche Umgruppierung planen, ist es dringend erforderlich, sie rechtzeitig vor der kalten Witterung vorzunehmen. Dann haben Rotkehlchen & Co. genügend Zeit, sich umzugewöhnen. Lernfähig sind sie.

Noch eins: Die Vögel müssen sich darauf verlassen können, dass sie ihr Futter und Wasser nicht nur an derselben Stelle, sondern überhaupt vorfinden. Und zwar regelmäßig. Auch, wenn wir einmal keine Lust haben, im Schneeregen nach draußen zu gehen. Sie werden es uns danken. Indem sie unseren Garten als ihr Zuhause ansehen. Uns mit ihrer Munterkeit und ihrem Gesang im Frühling und Sommer erfreuen. Geben und Nehmen – die Vögel geben uns viel zurück.

Bei Eichhörnchen dagegen, bin ich mir da nicht so sicher. Es ist Mitte Februar. In einem Anflug von Frühlingsgefühlen habe ich Rasenkanten geschnitten, Moos und Reste von Stauden aus den Rabatten entfernt – und über 40 Walnüsse ausgebuddelt. Das heißt die, die ich gefunden habe. Ich befürchte … .

Da nun das Eichhörnchen die Nüsse bestimmt nicht mir zu Füßen legen wollte, entfällt hier das Geben. Es ist ein pures Nehmen. Es nimmt meinen Garten, um seine Wintervorräte anzulegen. Ich empfinde das langsam als Enteignung. Nun ist es zu allem Überfluss auch noch zu dumm, um sie jemals wieder zu finden. Ist das nur der „Buddeltrieb", die Lust am Graben? Das wiederum finde ich reichlich egoistisch.

Auf der einen Seite sehen sie sehr putzig aus, wenn sie durch den Garten fegen. Oder wie erstarrt Männchen machen und völlig unschuldig tun, sobald sie mich erblicken. Das wiegt jedoch nicht auf, dass sie mir überall Nussbäume pflanzen. Wäre ich nicht so dahinter her, hätte ich längst keinen Garten mehr, sondern einen Nussbaumwald.

Leben und leben lassen, war schon immer mein Prinzip. Das sollten sich Eichhörnchen auch hinter ihre Öhrchen schreiben. Solange sie nicht ihre Pfoten von Vogeleiern und Jungvögeln lassen und Nester plündern, haben sie bei mir schlechte Karten. Ich kann mich ja wehren.

Kronenschnitt

In manchen Situationen im Leben ist es ganz gut, nach dem Motto zu verfahren: „Augen zu und durch".

Als vor 4 Wochen unsere alte Birke geschnitten wurde, hätten meine Augen nicht offener sein können. Ich war von der ersten bis zur letzten Minute dabei. Nicht, dass ich den beiden professionellen Baumpflegern skeptisch gegenüber gestanden hätte. Sie verstehen ihr Handwerk. Es ist schon einmal sehr faszinierend, wenn sie wie Lassowerfer das Seil in den Baum hinaufbefördern. Und gar nicht so einfach. Schließlich muss es ihnen Halt geben, um in der Krone hängend, ihre Arbeit zu verrichten. Ohne Lärm, nur mit Säge und Schere.

Zwei Fachleute, einer in der Birke und einer in unserer mächtigen Thuja. Ich hatte volles Vertrauen in ihre Arbeit. Und trotzdem war ich den ganzen Tag im Einsatz. Die riesigen Mengen von Ästen und Zweigen konnten meiner Meinung nach nicht warten, bis sie nach getaner Arbeit aus meinem kleinen Garten entfernt wurden. Manche Pflanzen in den Rabatten waren mindestens 1 m hoch bedeckt. Das Gewicht ist beträchtlich. Das wollte ich meinen Pflanzen nicht länger als nötig zumuten. Ich leide in solchen Situationen immer mit. Lieber gehe ich hinterher, nach stundenlangem Bücken, am Stock. Im wahrsten Sinne des Wortes.

Aber das vergeht. Was bleibt ist ein Ergebnis, mit dem ich mehr als zufrieden bin. Ich weiß natürlich, wie die Bäume vorher ausgesehen haben. Es fehlt eigentlich nichts. Die Birke sieht aus, wie eine Birke aussehen soll, mit einer artgerechten, transparenten Krone. Und die kompakte Thuja, die aus zwei Bäumen besteht, habe ich großzügig auslichten lassen. Sie war im Laufe der Zeit zu schwer geworden, neigte sich zum Dach des Hauses und war schon einmal bei einem gewaltigen Sturm halb entwurzelt worden. Das muss ich nicht unbedingt noch einmal erleben. Nicht, wenn ich es durch rechtzeitiges Eingreifen verhindern kann.
Beide Bäume haben nun wieder eine ausgewogene Silhouette. So verschieden sie auch sind.

Das Schlimme ist nur, ich habe einen richtigen „Baumblick" entwickelt. Überall sehe ich Kandidaten, die nach einem ordentlichen Schnitt schreien. Wenn sie könnten.

Ausklang

„Die Natur macht nichts vergeblich."

(Aristoteles)

Ohne Winter wäre der Frühling nur halb so schön. Was heißt „halb so schön"? Es gäbe überhaupt keinen. Jedenfalls nicht das, was ich unter Frühling verstehe.

Jetzt, Mitte Februar, rieche ich ihn. Ich rieche ihn, lange, bevor ich ihn sehe. Das ist lange vor der Zeit der Fliederduftwolken, meist im Februar, manchmal auch früher. Wenn die Erde anfängt zu atmen und so herrlich lebendig duftet. Diese Frische gibt es in Ländern mit ewigem Frühling nicht. Es ist wie ein Ausatmen, ein kurzes Innehalten und ein Einatmen – für ein neues Beginnen.

Der Garten lebt, auch im Winter. Und wie! Doch nicht von allein. Das A und O ist die Vielfalt. Nur so ist es möglich, dass ganze Jahr hindurch etwas Blühendes, etwas Attraktives zu haben. Auch im Winter. Ich möchte sagen, besonders im Winter. Wen wundert es, dass ich wieder auf die Kamelien zu sprechen komme. Die Blütezeit von den frühen „Sasanquas" bis zu den späten „Japonicas" überspannt einen Zeitraum von fast 9 Monaten. Nur als Beispiel. Mit einer Pflanze ist das nicht zu erreichen. Mit mehreren Japonicas auch nicht.

Es gibt so viele Pflanzen, die gerade im Winter ihr Bestes geben: von kleinsten Zwiebelpflänzchen bis zum meterhohen Baum. Die Auswahl ist riesig. Genau genommen haben Sie nur die Qual der Wahl. Und die Qual dürfte sich bei meiner Auswahl hier im Buch in Grenzen halten. Wenn nun noch ein bisschen Harmonie ins Spiel kommt - ist der Winter im Garten eine wohltuende Zeit.

Ich habe es generell nicht so gerne, wenn etwas zu Ende geht, mich von etwas zu verabschieden. Auch von dem Winter nicht. Es ist ja kein Ende, schon gar kein kümmerliches. So schön in seiner Schlichtheit mit seinen erstaunlichen Düften wie mein Garten jetzt Mitte Februar ist – so könnte er für mich bleiben. Was natürlich nicht geht. Und das ist gut so.

Denn jeder Abschied ist der Anfang von etwas Neuem.

Weiterführende Literatur

Erhardt, Walter / Götz, Erich / Bödeker, Nils / Seybold, Siegmund: Zander. Handwörterbuch der Pflanzennamen. 17. Aufl. Stuttgart 2002

Urban, Helga: Ein weißer Garten. Harmonie und Vielfalt. 1. Aufl. 1997, 2. Aufl. Stuttgart 2006

Urban, Helga: Taschenatlas, Pflanzen für den weißen Garten, Stuttgart 2006

Urban, Helga: Duftgärten. Einfache Pflanzenrezepte zum Nachgestalten. München 2013

Urban, Helga: Mein Garten – ein Geben und Nehmen. Stuttgart 2015. - Ausgezeichnet mit dem Deutschen Gartenbuchpreis 2016

Urban, Helga & Klaus: Kamelien im Garten. Auswählen, pflanzen, pflegen. 1. Aufl. 2002, 3. Aufl. Stuttgart 2009

Urban, Helga / Marion Nickig: Schön, aber gefährlich. Geheimnisvolle Pflanzen im Garten, Norderstedt 2009

Urban, Helga: Abschied. Herausforderung und Chance für den Garten. Norderstedt 2018.

Waldorf, Günter: Schneeglöckchen. Zauber in Weiß. München 2011.

Adressen, die Ihnen weiterhelfen

DEUTSCHLAND

Baumschulen G. D. BÖHLJE
Oldenburger Straße 9,
26655 Westerstede,
Tel. 04488-9986-0,
www.boehlje.de. – Umfangreiches Gehölzsortiment, viele Raritäten.

Michael Camphausen
www.michaelcamphausen.de. – Onlineshop. Spezialist für Schneeglöckchen und andere seltene Stauden und Zwiebelpflanzen.

Baumschulgarten ENNEKING
Vördener Str. 42a,
49401 Damme,
Tel. 05491-2453,
www.baumschulgarten-enneking.de.- Spezialist für außergewöhnliche Pflanzen

Baumschulen H. HACHMANN
Brunnenstr. 68,
25355 Barmstedt (Holstein)
Tel 04123-2055,
www.hachmann.de. –Spezialist für Azaleen, Rhododendron

Albrecht HOCH
Potsdamer Str. 40,
14163 Berlin, Tel. 030-8026251,
www.albrechthoch.de.
Spezialist für Blumenzwiebeln.

Baumschulen HUBEN
Schriesheimer Fußweg 7,
8526 Ladenburg,
Tel. 06203-9280-0,
www.huben.de.- Großes Sortiment, einschließlich Duftpflanzen, Kamelien.

ENGLAND

NORTH GREEN Snowdrops / North Green Only Stoven, Beccles NR34 8DG; Suffolk, England. - Spezialist für Schneeglöckchen.

SCHWEIZ

Baumschule EISENHUT
mit Giardino Botanico, oberhalb des Lago Maggiore,
CH 6575 San Nazarro / Tessin,
Schweiz, Tel. +41-91-79518778,
www.eisenhut.ch . - Große Auswahl an Kamelien, Strauchpäonien.

Register

Verzeichnis der Abbildungen

Über die Autorin

Helga Urban ist Gartenberaterin und Autorin von Gartenbüchern. Zu ihren bisher erfolgreichsten Büchern zählen:

„Kamelien" (Ulmer, 3. Aufl. 2000; vergriffen)
„Ein weißer Garten" (Ulmer, 2. Aufl. 2006)
„Freude an Rosen – wer möchte die nicht haben?" (BoD, 2006)
„Kamelien im Garten" (Ulmer, 3. Aufl. 2009, vergriffen)
„Schön, aber gefährlich – Geheimnisvolle Pflanzen im Garten" (BoD, 2009)
„Das Gartenbuch für Anfänger" (BLV, 3. Aufl. 2016 als „Einsteiger Workshop")

„Mein Garten – ein Geben und Nehmen" (Ulmer, 2015, ausgezeichnet mit dem Deutschen Gartenbuchpreis 2016)

Weitere Bücher sind:
„Ein Garten der Düfte" (BLV, 1999, vergriffen)
„Duftgärten – Einfache Pflanzrezepte zum Nachgestalten" (BLV, 2013, vergriffen)
„Taschenatlas: Pflanzen für den weißen Garten" (Ulmer, 2006)
„Abschied – Herausforderung und Chance für den Garten" (BoD 2018).

Helga Urban ist seit vielen Jahren ehrenamtliche Mitarbeiterin des Frankfurter Palmengartens. In ihrem kleinen Stadtgarten in Frankfurt, der ganz in Weiß gestaltet ist, hat sie exquisite Pflanzen gesammelt, um darüber schreiben und in Vorträgen berichten zu können. Darunter sind viele Exoten und Raritäten, um von Januar bis Dezember einen blühenden Garten zu haben, auch viele der hier beschriebenen Pflanzen.

www.hukurban.de

Bildquellen

Seite 54: Image by stux on Pixabay.
Alle übrigen Fotos: Klaus Urban

Impressum

© Helga Urban 2019

Layout: Klaus Urban

Herstellung und Verlag:
BoD - Books on Demand, Norderstedt

Printed in Germany

ISBN 978-3-7494-1176-4

MIX
Papier aus verantwortungsvollen Quellen
Paper from responsible sources
FSC® C105338

FSC
www.fsc.org